I0139903

ATELIERS D’ARCHITECTURE III:

LOGEMENT COLLECTIF DURABLE

CONCEPTION RÉGÉNÉRATIVE

ISBN 978-2-930909-00-4
Dépôt légal: 2016/13817/1
Attia, S. (2015) Yearbook 2014-2015 Ateliers d'Architecture III: Logement collectif durable et conception régénérative, SBD Lab,Liege, Belgium, ISBN: 978-2930909004.

ULG | FSA | ARGENCO | SBD LAB

architecture régénératif, soutenabilité, durabilité, bâtiments, design

www.sbd.ulg.ac.be/academic/StudioRegen/index.html

Enseignant(s):

Shady Attia, PhD, LEED AP

Professor of Sustainable Architecture and Building Technology
ArGEnCo Dept., Faculty of Applied Sciences, University of Liège
Quartier Polytech 1, Allée de la Découverte 9 (Office +0/542), 4000 Liège, Belgium
Tél: +32 43.66.91.55 - Fax: +32 43.66.29.09- email: shady.attia@ulg.ac.be
www.sbd.ulg.ac.be/

Olivier De Wispelaere

Assistant et Ingénieur Civil Architecte

ArGEnCo Dept., Faculty of Applied Sciences, University of Liège

Quartier Polytech 1, Allée de la Découverte 9 (Office -1/446), 4000 Liège, Belgium

Tél: +32 4 366 95 14 - email: o.dewispelaere@ulg.ac.be

Photograph

Julie-Marie Duro

Liège | Juillet 2015

SOMMAIRE

ATELIERS D'ARCHITECTURE III: LOGEMENT COLLECTIF DURABLE

RÉSUMÉ

Par une approche se situant à différentes échelles d'intervention – de l'habitat multiple et complexe au détail constructif - l'atelier a visé à explorer les stratégies d'architecture durable régénérative permettant de réorienter le développement et générer des modes de construction durable.

Mots-clés

Conception, projet architectural, durabilité, maison passive, impact positif

OBJECTIFS

Contenu

Les activités de l'atelier ont été conçus comme une synergie entre des **apports théoriques interdisciplinaires et l'expérimentation concrète de durabilité régénérative et de leur intégration dans le projet architectural.** Cette approche a permis d'aborder les questions de cohérence conceptuelle, spatiale et expressive, tout en explorant simultanément les modalités permettant aux enjeux de durabilité de devenir une matière première pour l'architecte. Il s'est agi en particulier d'étudier les interactions entre les questions de densité, de mixité et de qualité de vie, de projeter des bâtiments intégrant des principes d'architecture bioclimatique et de développer des détails constructifs en accord avec les notions de base de la durabilité concernant les matériaux, l'énergie, l'eau et la biodiversité. Les exercices de projet ont reposé sur la recherche de solutions adaptées au développement d'un bâtiment de logement collectif, dense. Ils ont été élaborés successivement à l'échelle spécifique de l'ensemble bâti, du bâtiment et de ses composants.

Acquis de formation

A la fin de ce cours, l'étudiant est maintenant capable de:

- Analyser les enjeux propres à la transformation de la ville européenne postindustrielle dans une perspective de durabilité régénérative.
- Explorer par le projet les enjeux propres (matériaux, énergie, eau et biodiversité) à la recherche d'une contribution de l'architecture à la ville durable.
- Concevoir - de manière à la fois créative et rigoureuse - un projet architectural cohérent à différentes échelles d'intervention (forme urbaine, ensemble bâti, bâtiment et enveloppe).
- Identifier les échelles adéquates au développement du projet architectural dans ses différentes phases.
- Concevoir un scénario constructif jusqu'à l'étude de détails significatifs.
- Défendre le projet architectural par l'oral, l'écrit, le dessin, la visualisation et la maquette.
- Transposer les apports théoriques dans l'élaboration du projet.

Compétences transversales

- Organiser son travail et coordonner une équipe pour développer, se mettre d'accord et rendre un plan de travail.
- Accéder aux sources d'informations appropriées et les évaluer.
- Persévérer en dépit des difficultés ou d'erreurs initiales pour trouver une solution optimale
- Documenter et communiquer un projet.
- Planifier les activités de manière à exploiter au mieux le temps imparti.

Méthode d'enseignement

Présentiel de septembre à décembre: Cours théoriques, Visites, Conférences, Critiques.
Forme du contrôle: Travaux continus, Jury, Rendu final.

Crédits et charge de travail

- Crédits: 5 ECTS
- Théorie : 20 h
- Travaux pratiques: 40h
- Laboratoire: 0
- Projet: 70h
- JJT: 1 jour
- Session d'examen: Hiver
- Forme du contrôle: Travaux continus, Jury, Rendu final

Evaluation Globale

Contrôle continu et jury final

THÉMATIQUE
Vers un ville régénérative et durable

Les changements radicaux nécessaires pour que la Terre 'demeure propre a l'habitation humaine' exigent que les visions du monde évoluent du 'mécanisé' à 'l'écologique'. Les tendances de dispersion spatiale et de dissociation fonctionnelle poursuivies par l'environnement construit dans les dernières décennies entrent en contradiction avec la recherche d'impact positif de l'environnement bâti sous-tendu par les principes de durabilité. L'étalement urbain engendre en effet non seulement une consommation conséquente de sol, mais également des impacts environnementaux, des disparités socioculturelles et des coûts collectifs accrus. Face à ce constat, le projet architectural est amené à jouer un rôle central dans la recherche d'alternatives permettant de réorienter le développement urbain vers l'intérieur, de densifier le bâti à proximité des transports publics, de régénérer des bâtiments avec un impact positif sur l'environnement et de générer des modes de construction durable.

Par une approche se situant à différents paradigmes de développement durable, l'atelier visait à analyser, explorer et **expérimenter** les enjeux propres à cette recherche de contribution de l'architecture régénérative à la ville durable.

Une question clé qui se posait était de savoir comment ceux et celles qui travaillent sur le cadre bâti - un domaine qui a un impact important sur les ressources et les systèmes mondiaux - peuvent contribuer au mieux à une transition harmonieuse rapide.

Comment les architectes peuvent construire avec un impact positif sur l'environnement concernant les matériaux, énergie, eau et biodiversité ***?***

Il a été proposé que les praticiens du design puissent faciliter cette réponse dans le cadre bâti par la mise au point, l'application et l'évolution de nouvelles méthodologies globales, explicitement modelées par un paradigme d'architecture durable régénérative.

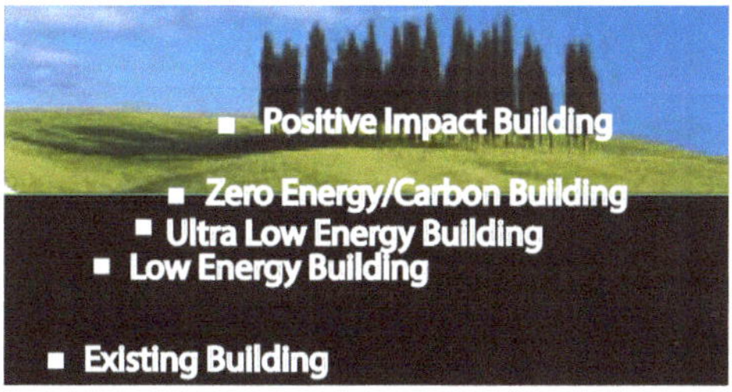

Fig.1 Interieur- exterieur, Floriade, Venlo (Source: SBD Lab, Mai 2012)
Fig.2 L'architecture régénérative: Peut-il verser l'impact négatif de la construction et créer un impact positif? (source: Attia 2011)

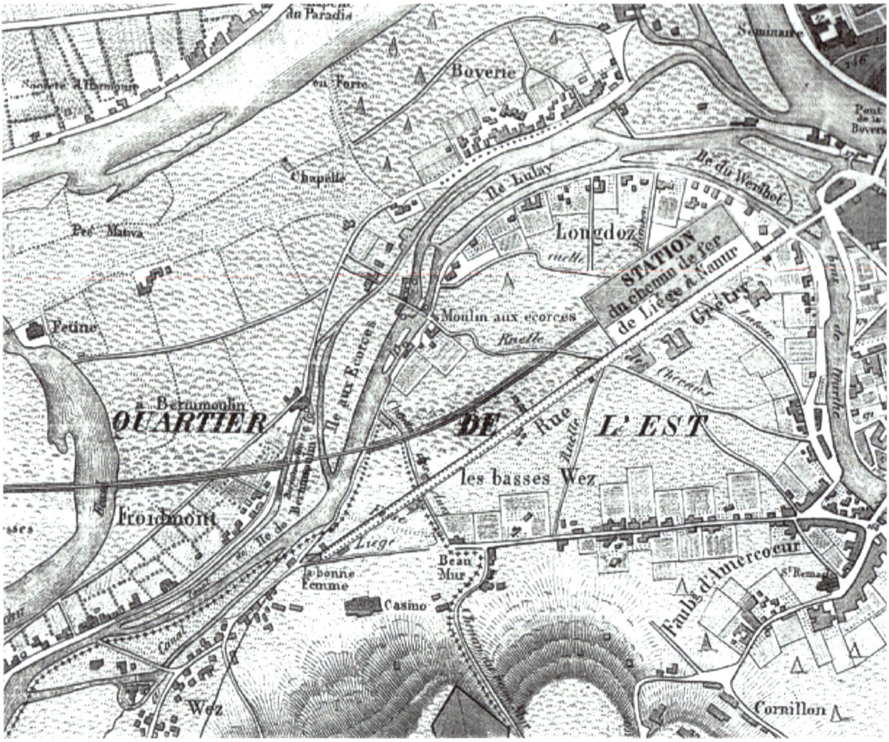
du Paradis
Boverie
Chapelle
Longdoz
STATION
du chemin de fer
de Liège à Namur
Moulin aux écorces
Ruelle
Grétry
QUARTIER
DE
L'EST
Rue
les basses Wez
Froidmont
Fetine
Liege
la bonne
Femme
Beau
Mur
Casino
Faub. d'Amercoeur
Wez
Cornillon

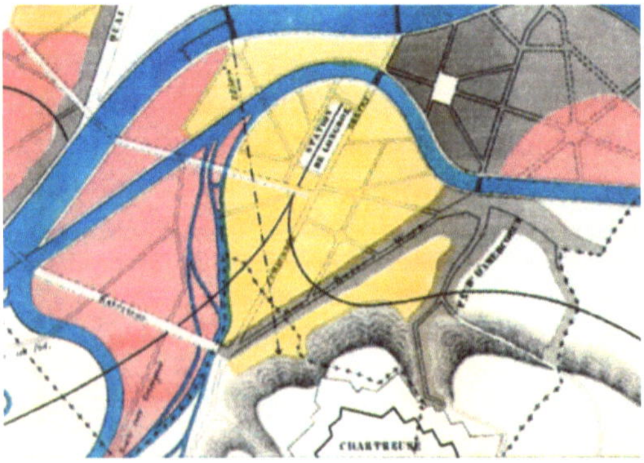

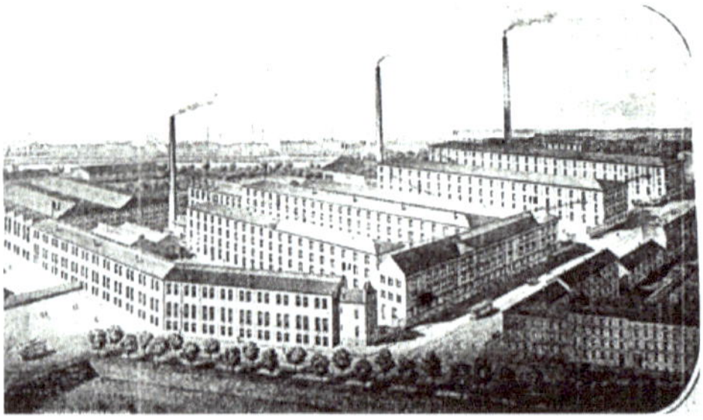

LIEGE Rue Grétry

CONTEXTE URBAIN

Le Longdoz est un quartier dense de Liège en rive droite de la Meuse. Situé dans la plaine alluviale en amont du centre de Liège, il était jadis parcouru par les ultimes méandres de l'Ourthe. Avant la révolution industrielle, les bâtiments y sont rares et le paysage, principalement agricole, est constitué de prés, bocages et autres pâtures.

Liège ayant de tous temps été une terre d'artisans, la force motrice de l'eau constitue un atout important de la zone dès les balbutiements de la révolution industrielle. Très tôt, les forges, moulins et ateliers commencent peu à peu à occuper cette périphérie proche de la ville.

Dès le début du XIXe, cette occupation connait un emballement sans précédent. Les caractéristiques de l'urbanisme de l'époque développent des quartiers où l'habitat se mêle à l'industrie dans des îlots denses. Le principe d'urbanisation propose des îlots découpés en parcelles mitoyennes qui s'articulent le long des voiries et axes principaux. Les habitations et maisons s'implantent généralement à front de voirie tandis que les entreprises et industries occupent plus largement les intérieurs d'îlots. Il n'est pas rare de trouver un bâtiment hybride sur la rue, mêlant porche d'accès et activité commerciale au RDC et habitation aux étages.

Au milieu du XIXe siècle, en vue de maîtriser le développement de cette banlieue devenue partie intégrante de la ville, on décide de l'urbanisation du nouvel axe de la rue Gretry et le quartier voit une gare s'implanter au premier tiers de celle-ci. Reliant d'abord Namur puis le nord de la ville vers les Pays-Bas, cette connexion ferroviaire va permettre l'arrivée quotidienne et massive de travailleurs et de matières premières. Le quartier développe à cette époque des capacités commerçantes et de services à destinations de la très nombreuse population qui l'anime désormais.

L'arrivée du chemin de fer a en fait pour but d'anticiper et de répondre à une modification progressive des moyens de production. Dès le milieu du XIXe, on voit en effet les fusions d'entreprises se multiplier, leur nombre diminue tandis que leur taille augmente. Cette tendance génère dans un premier temps une sur-densification du quartier rendue possible notamment grâce au gain des dernières terres conquises sur la voie d'eau à l'occasion de l'Exposition Universelle de 1905. Mais le sursis n'est que de courte durée et avec la saturation rapide des derniers espaces disponibles, l'exode progressif des plus grandes infrastructures vers de vastes terrains encore vierges à l'extérieur de la ville devient alors inexorable.

Avant même le début des crises et le déclin de l'industrie liégeoise, le quartier est déjà déserté par la plus grande partie des forces qui ont fait son essor. Avec l'avènement de l'automobile et le déplacement

Fig.3 *Liège tracé de la rue Grétry et première gare du Longdoz 1851-1874*
Fig.4 *Le longdoz en 1900 - remembrement fluviaux et comblement de l'Ourthe*
Fig.5 *La seconde gare du Longdoz en 1905*
Fig.6 *Usine Englebert*
Fig.7 *Rue Gretry à l'entre 2 guerre*

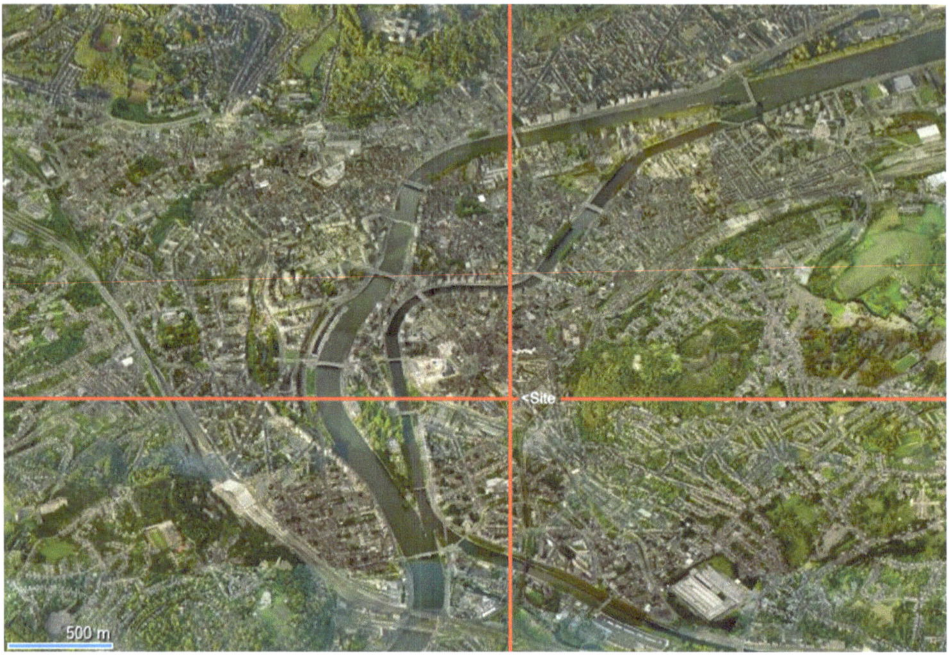

Localisation du site échelle 1/25 000

Contexte urbain général échelle 1/10 000

des masses ouvrières, la gare qui est été fermée au transport de voyageur dans les années 50 et détruite en 1975 lorsque le fret devient lui aussi non rentable.

A cette époque, le quartier qui est devenu bassin d'habitat et partie intégrante de la ville se doit de se reconvertir. En 1977, une première galerie commerçante (galerie Longdoz) est bâtie en lieu et place de la gare tandis que des immeubles de bureau sont peu à peu érigés sur les premiers chancres industriels en vue de pérenniser une certaine activité professionnelle.

Depuis, la galerie Longdoz a déjà été amortie et remplacée par la toute nouvelle et rutilante Média-Cité. Mais même si la ville poursuit une politique d'investissement bénéfique au quartier (axe d'intervention Guillemins-MAMAC-Média Cité), celui-ci peine à tirer parti de ses potentiels et a plutôt tendance à les subir.

En effet, de trop nombreux hangars des anciennes entreprises sont désormais vides et insalubres. Ceux-ci, faute d'abriter une activité, empiètent pourtant sur l'espace dont les maisons auraient besoin pour développer des jardins. L'habitat demeure ainsi peu attrayant et est laissé en mauvaise condition. Il est occupé par une couche assez modeste de la population qui n'a que peu les moyens de l'entretenir et le moderniser.

Pour couronner le tout, en raison de son origine industrielle, le quartier est dépourvu de place, parc ou d'un quelconque espace public. On voulait éviter à l'époque de consacrer de l'espace aux loisirs et de créer un espace où les ouvriers puissent se rassembler. Le plus grand espace vide est aujourd'hui l'intérieur de la Média-Cité, mais par son caractère mercantile, intéressé et incroyablement maitrisé, celle-ci n'offre pas du tout les mêmes possibilités qu'un espace public classic.

Pour ce qui est de l'offre commerciale, si la galerie semble trouver son régime de croisière, le commerce de détail et proximité qui a fait l'âge d'or de la rue Gretry peine encore à retrouver un second souffle.

Du point de vue du transport en commun, la situation n'est pas optimale non plus. Alors qu'il y a un siècle, le quartier était desservi par le train et le tram, il n'est plus aujourd'hui parcouru que par le bus. Pire, au moment où la ville prévoit de revoir sa politique de transport autour d'un axe structurant de tram, c'est toute la rive droite qui semble le parent pauvre des re-configurations des nouveaux tracés.

Pourtant, le quartier du Longdoz est un quartier qui offre beaucoup de potentiels pour qui saura y investir : les parcelles y sont grandes, le bâti ancien n'est pas dénué d'un certain style ou générosité et le terrain y est peu cher comparé au reste de la ville. Situé non loin de la gare des Guillemins et des axes de circulation automobile ou cycliste des quais, il est également proche du pied de la côte du Sart-Tilmant et

Fig.8 Localisation du site
Fig.9 Contexte urbain général

1. REM : Pour plus d'information sur l'histoire du quartier : http://www.monquartierlelongdoz.net/pages/longacc.html

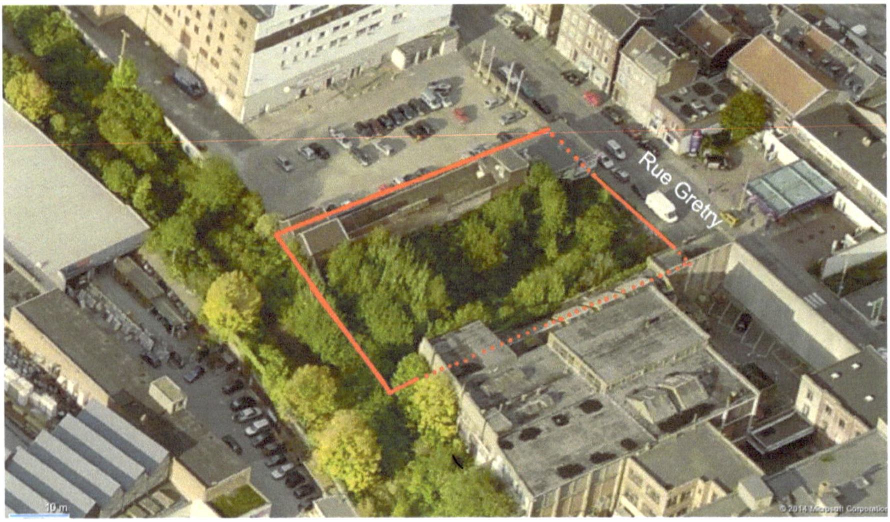

Vue orientée nord échelle 1/1000

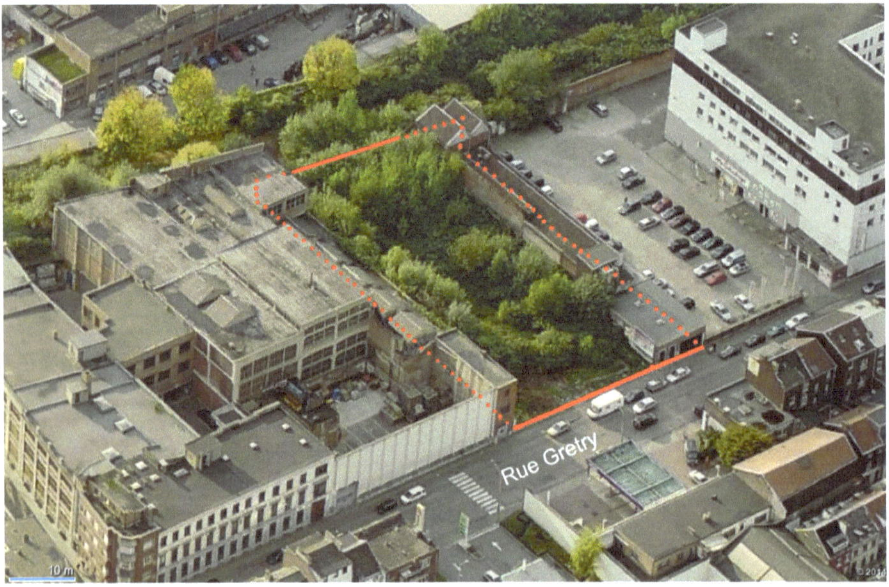

Vue orientée ouest échelle 1/1000

du campus universitaire. Du point de vue urbanistique, il possède des ressources encore à développer comme l'exploitation des anciennes assiettes de chemin de fer en voie verte ou l'aménagement d'ouvertures sur le parc de la Chartreuse avant peut-être d'être le lieu d'une dé-densification en vue de transformer un chancre en espace public ouvert [1].

SITE DE L'ATELIER

Le site choisi pour cet atelier est une friche industrielle située dans le quartier du Longdoz. Adossé au talus d'une ancienne assiette de chemin de fer, le terrain est une surface trapézoïdale approchant du rectangle, dévellopant 31 m de façade par 65 m de profondeur. Il est accessible par la rue Grétry, l'artère principale du quartier. Initialement couvert de bâtiments industriels fabriquant la continuité mitoyenne de la rue, le site est aujourd'hui un chancre béant entre les deux antennes imposantes d'une maison de repos.

Si l'endroit peut paraître peu glamour, il est néanmoins l'objet de convoitise car une telle surface vierge en centre-ville devient une denrée rare. Le projet proposé est réaliste. Pour cet atelier, il était exclu d'envisager déborder des limites du terrain. Il a fallu strictement rester dans l'emprise des 2040 m² proposés. Bloqué par la voirie et l'assiette de chemin de fer à l'est et à l'ouest, des ouvrages en sous-sol et propriétés privées rendaient impossibles toutes véléhités d'extensions au nord et au sud.

ENJEUX DE PERFORMANCE

Cet atelier consistait à étudier de manière approfondie les techniques durables du bâtiment en termes de conception régénérative et d'intégration des aspects de matériaux, énergie, eau et biodiversité dans un concept architectural global. Les conférences et cours théoriques ont porté sur des thèmes présentant un lien direct ou indirect avec les phases du projet d'atelier. Sur la base des trois enjeux environnementaux, chaque étudiant a du définir un concept répondant à des critères de durabilité. Cette proposition s'est intégrée de manière cohérente avec la proposition urbanistique de l'ensemble du site. Des conférences ont été données sur la conception régénérative et les trois thèmes environnementaux (matériaux, énergie, eau et biodiversité).

Conférence 1 : La conception régénérative et l'architecture durable
Conférence 2 : Les matériaux et la construction durable
Conférence 3 : L'énergie, la conception bioclimatique et la maison passive
Conférence 4: L'eau et la biodiversité

Fig.10   Vue du site orientée nord (Source: google earth/SBD-Lab, 2014)
Fig.11   vue du site orientée ouest (Source: google earth/SBD-Lab, 2014)
Fig.12   Contexte urbain général

Rue Grétry 182, 4030 Liège
GPS: 50.630393, 5.585419
TEC 29, 33, 35:
Rue del la Limite

Fig.13 Photo du site | Liège
(Source: SDB Lab, Mai 2012)

Fig.14 Photo du site | Liège
(Source: SDB Lab, 2014)

AUTO GRETRY
DATS
24
colruyt

PROGRAMME

Un des enjeux de la réorientation du bâti vers l'intérieur résidait dans la possibilité de proposer des alternatives crédibles à l'extension périurbaine, notamment en développant des bâtiments accueillant simultanément des logements et des activités, quantitativement denses et qualitativement attractifs. L'atelier s'est concentré sur cette question centrale du retour en ville.

L'immeuble qui a été conçu présente un ensemble de 14 logements de 4 types différents.

Appartement de type 1 (3x) cible 85 m2 (nets)
(S = 90B / 75N + 10 ext)
Hall d'entrée, local technique, WC séparé, Séjour, Cuisine, Salle de bain, Chambre 1, Chambre 2, Espace privatif extérieur

Appartement de type 2 (5x) cible 112 m2 (nets)
(S = 120B / 100N + 12 ext)
Hall d'entrée, local technique, WC séparé, Séjour, Cuisine, Salle de bain, Coin douche, Chambre 1, Chambre 2, Espace privatif extérieur

Appartement de type 3 (4x) cible 135 m2 (nets)
(S = 140B / 117 N + 18 ext)
Hall d'entrée, local technique, WC séparé, Séjour, Cuisine, Buanderie, Salle de bain, Coin douche, Chambre 1, Chambre 2, Chambre 3, Espace privatif extérieur

Appartement de type 4 (2x) cible 168 m2 (nets)
(S = 170B / 142N + 25 ext)
Hall d'entrée, local technique, WC séparé, Séjour, Cuisine, Buanderie, Salle de bain, Coin douche, Chambre 1, Chambre 2, Chambre 3, Chambre 4, Espace privatif extérieur

Espaces techniques
(S=900B) cible 900 m2 (brutes)
Hall d'entrée, escaliers, cage d'ascenseur et couloirs (180 m2), cave (x14-10 m2), parking vélo (50 m2), emplacements voitures (x10- 25 m2) box voiture (x7- 30 m2), local chauffage (20 m2), local eau (20 m2), local électrique (15 m2), local déchet (15 m2)

Espaces extérieurs
(S=1375B) cible 1375 m2(brutes)
accès (163 m2), total des espaces extérieurs privatifs (212 m2), un jardin collectif (1000 m2)

Fig.15 Photo du site | Liège (Source SDB Lab, 2014)

Un des enjeux de la réorientation du bâti vers l'intérieur résidait dans la possibilité de proposer des alternatives crédibles à l'extension périurbaine, notamment en développant des bâtiments accueillant simultanément des logements et des activités, quantitativement denses et qualitativement attractifs. L'atelier s'est concentré sur cette question centrale du retour en ville.

SCÉNARIOS

Baron Julie | Compacité et mitoyenneté

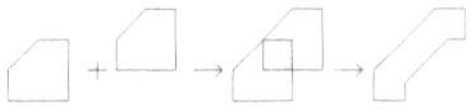

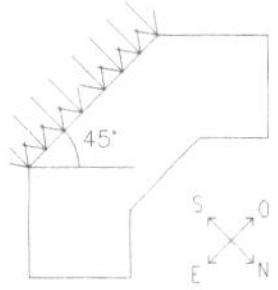

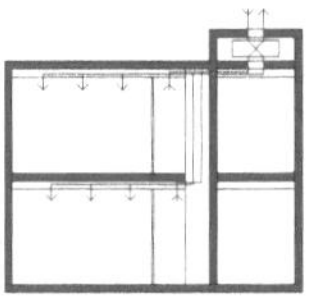

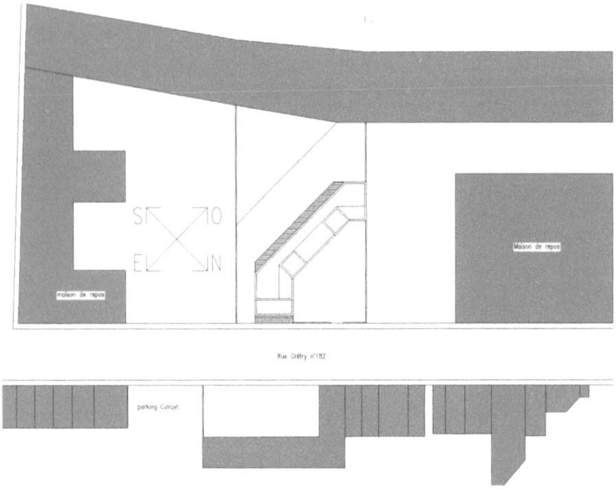

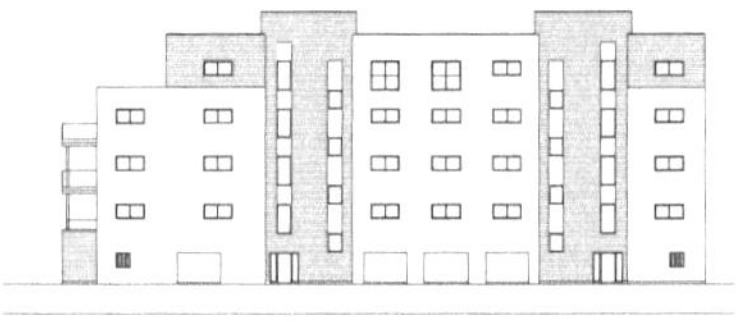

Compacité | Mitoyenneté | Exposition Sud | Minimisation de l'emprise au sol | Structure poteaux-poutres | Bois, liège expansé, béton | Toitures végétales | Récupération de l'eau pluviale | Intimisation des logements | Panneaux photovoltaïques, chaudière à condensation | Circulation centrale horizontale | Protections solaires |

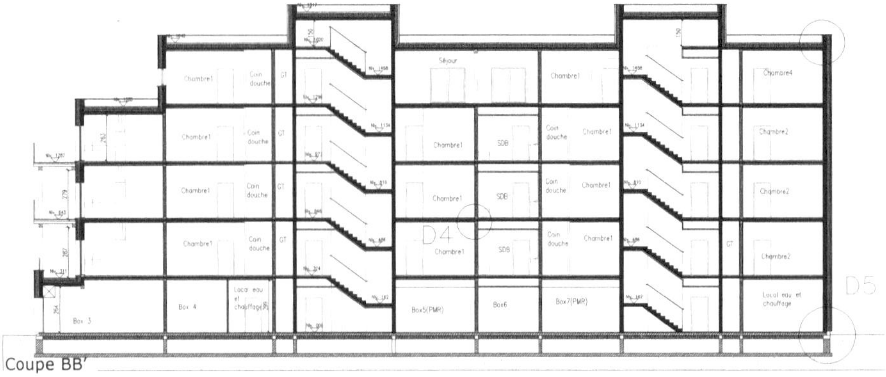

Coupe BB'

Plan RDC
Caves
Box
Techniques

Chbaly Hafsa | Mouvements

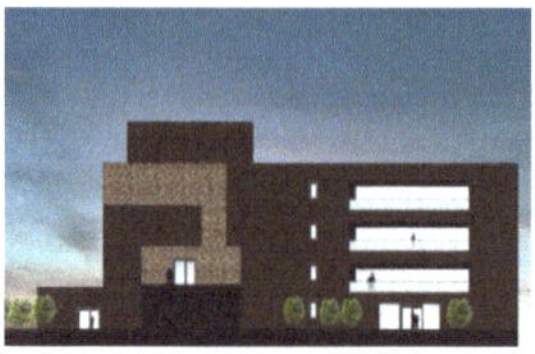

Orientation Sud | Bâtiment en L pour gérer les limites du site | Idée du mouvement pour créer une relation entre les pleins et les vides | Circulation fonctionnelle et claire | Toitures vertes | Récupération de l'eau pluviale | Ossature bois, isolation laine de bois et briques de terre crue | Ventilation double flux et puits canadiens |

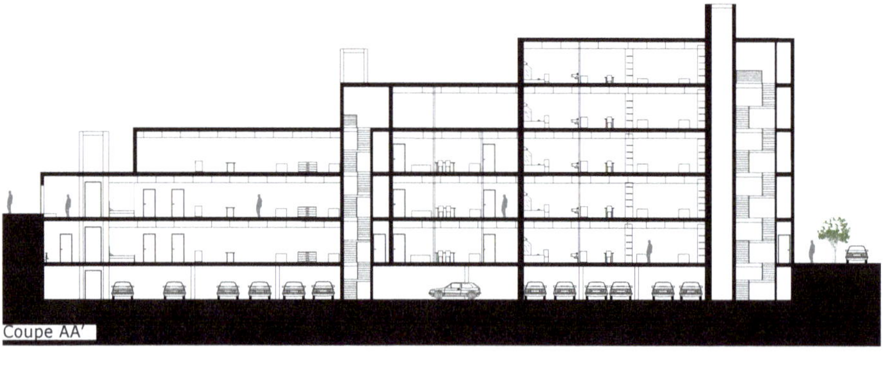

Local eau
Local déchets
Local électricité
Local chauffage

Collin Jacques | Double L

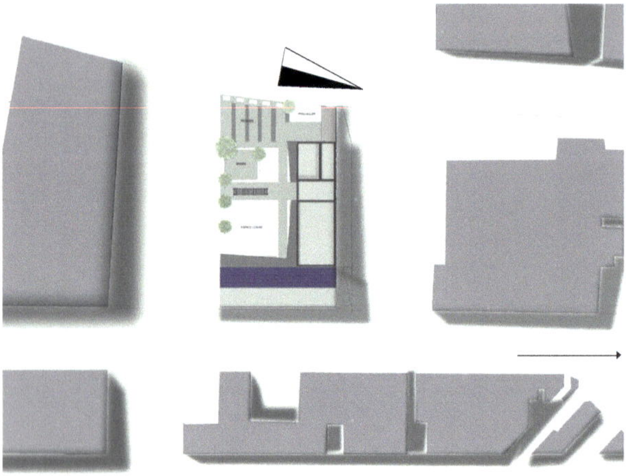

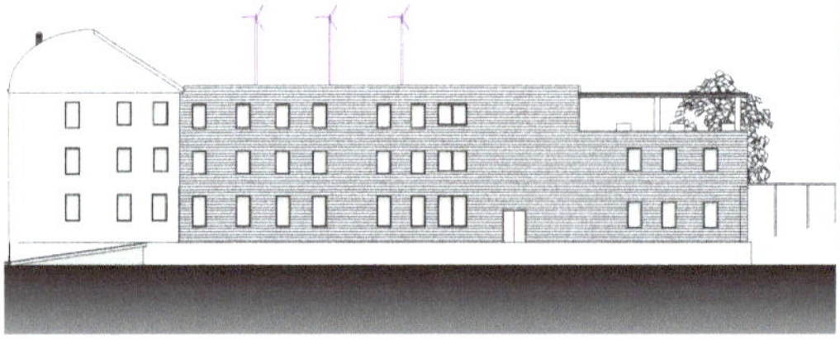

Orientation Sud | Compacité | Implantation en double L | Intimisation des logements | Toiture continue récupératrice des eaux pluviales et capteuse d'énergie solaire | Ossature bois, isolation fibres de bois | Capteurs solaires, éoliennes, géothermie | Ruches en toiture |

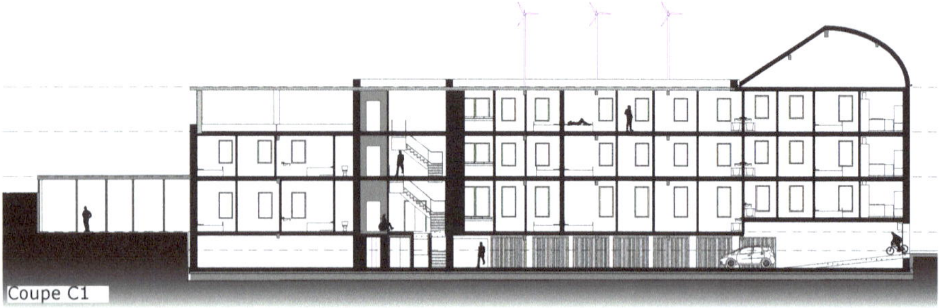

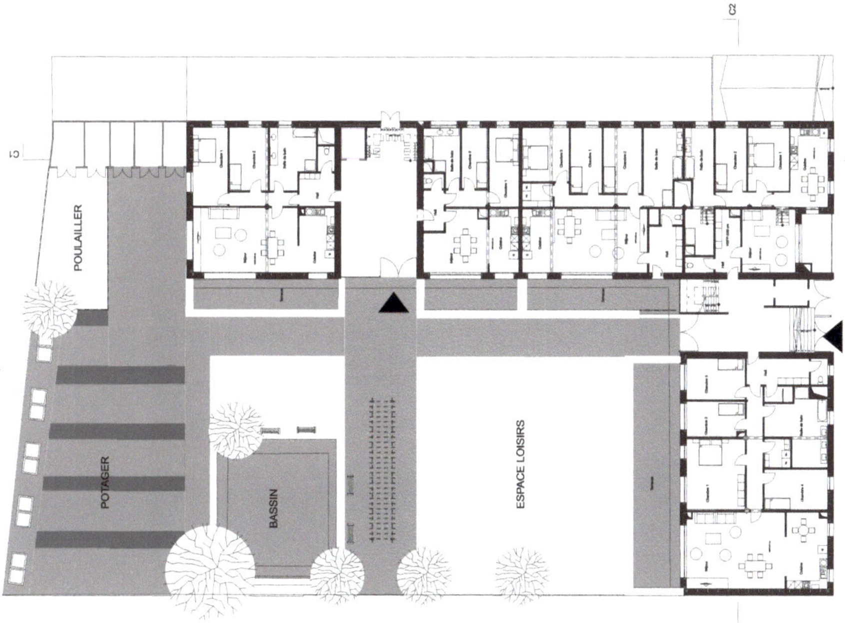
POULAILLER
POTAGER
BASSIN
ESPACE LOISIRS

Cornet Soledad | Echo au quartier

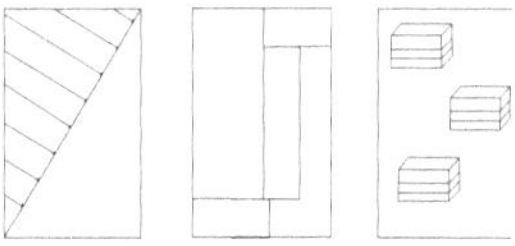

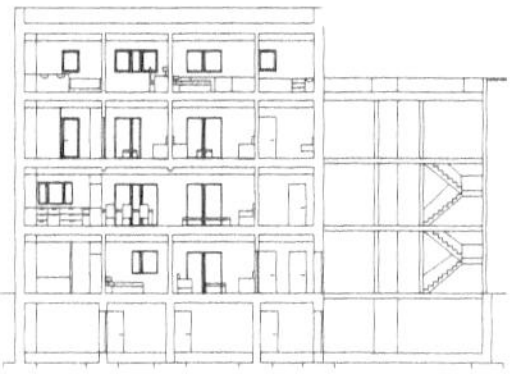

Orientation Sud | Protections solaires | Panneaux photovoltaïques | Modules d'appartements fonctionnant en duplex ou en triplex | Echo au fonctionnement des maisons ouvrières du quartier | Jeux de décalages sur deux plans | Briques en terre cuite, isolation en laine de mouton et utilisation d'argile | Toiture verte semi-intensive | Récupération de l'eau de pluie | Minimalisation de l'imperméabilisation complète de la parcelle |

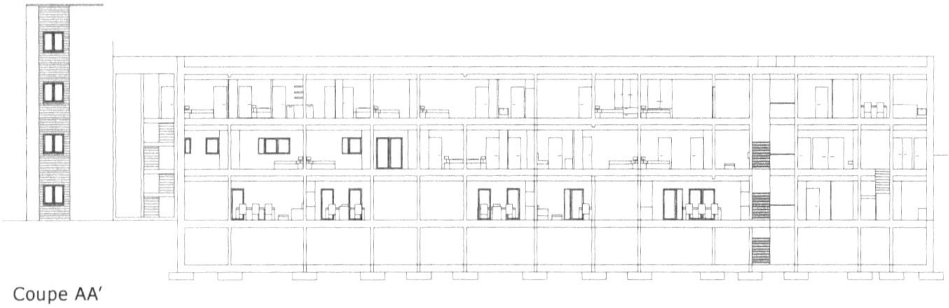

Coupe AA'

Rue Gretry

Cung Johnny | Communication

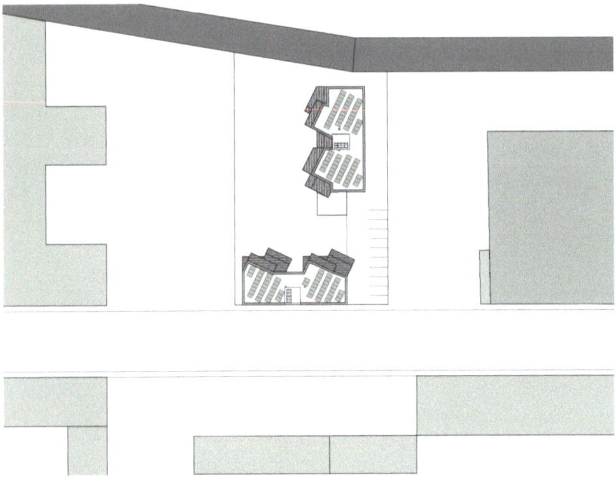

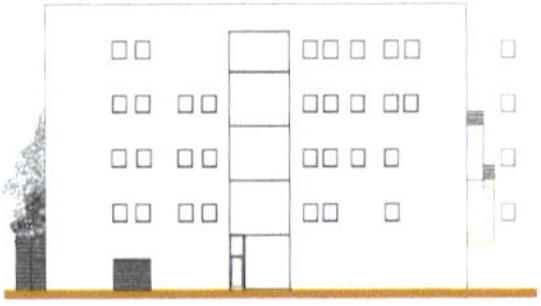

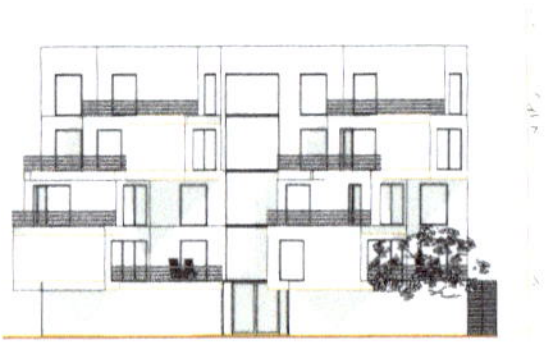

Orientation plein Sud | Volumes qui sortent du corps principal | Esprit de communication | Toitures terrasses | Centralisation des appartements autour d'un noyau dur en acier | Dynamisme | Structure poteau poutre permettant un réagencement simple de l'intérieur |

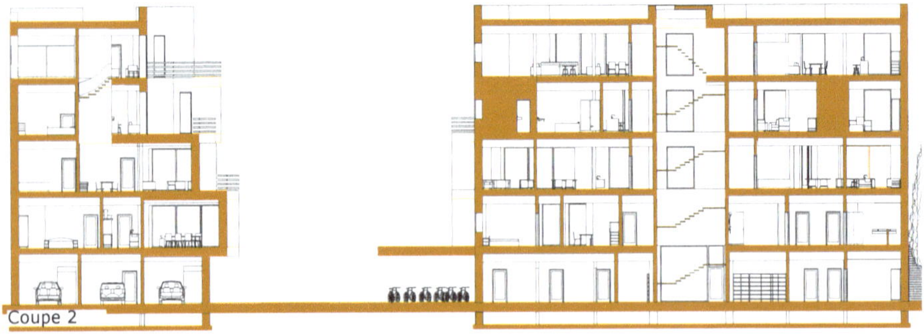

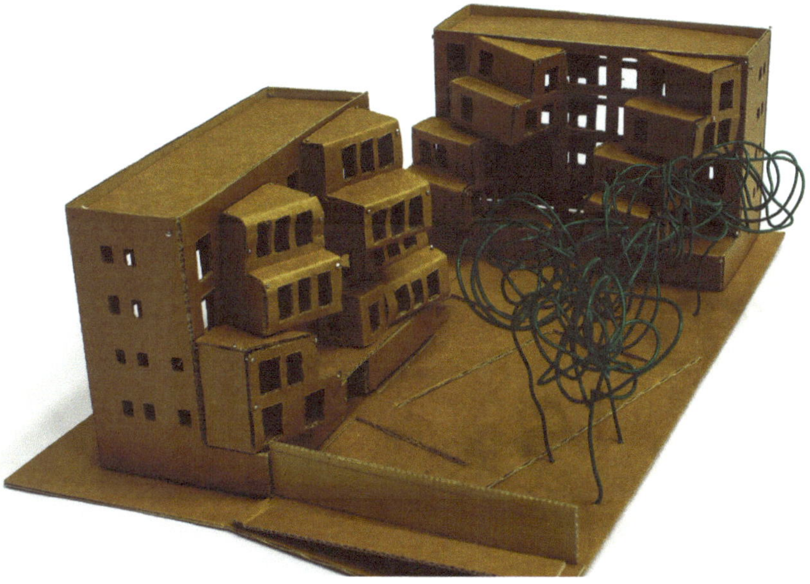

Visite d'un Immeuble Collectif (maison passif), Marcinelle, BE | Septembre 2014

Denayer Philippe | Descente en gradin

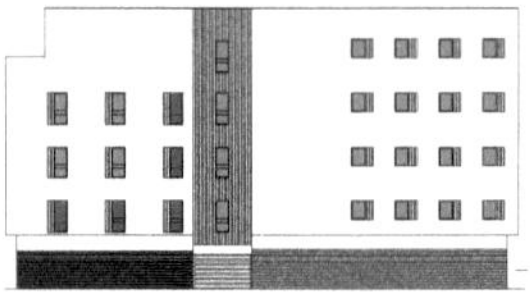

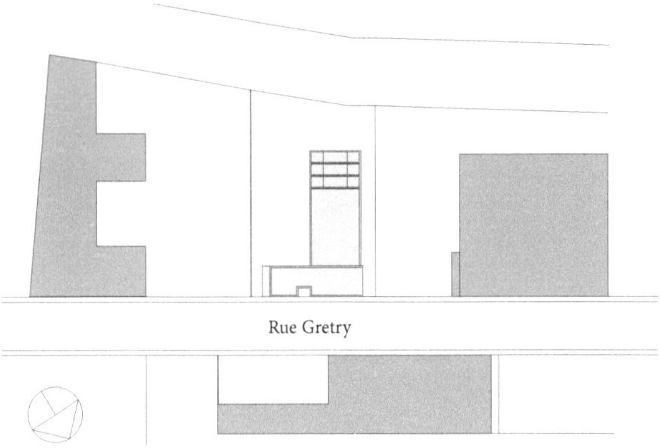

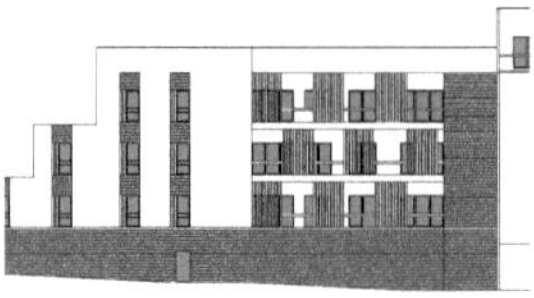

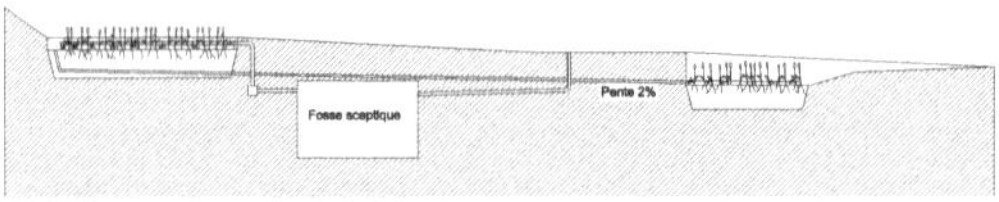

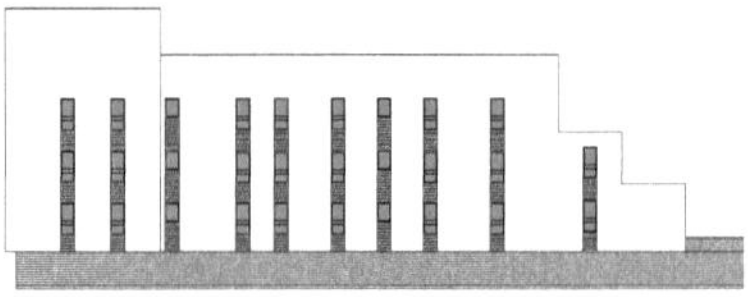

Bâtiment en L | Espace vert semi-public | Ilot semi-fermé | Ouvertures Sud | Plancher à forte inertie en argile | Panneaux photovoltaïques et solaires | Zones vertes variées | Epuration de l'eau par des filtres à roseaux | Récupération de l'eau pluviale via des toitures vertes avec une couche drainante | Structure bois, isolant en ouate de cellulose issu du recyclage d'anciens papiers

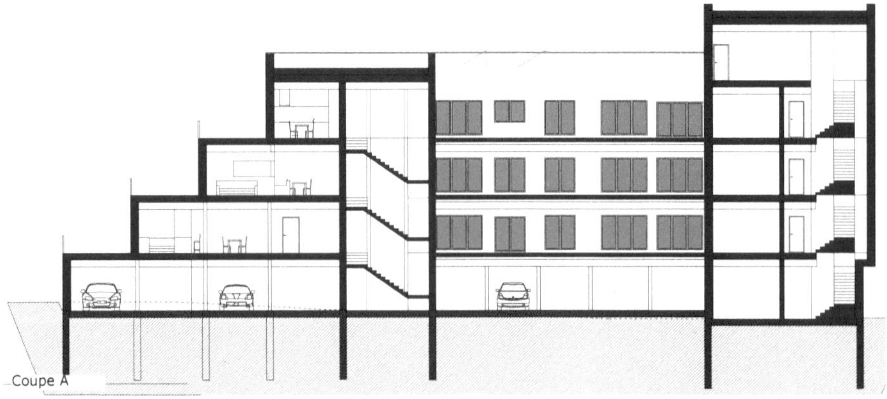

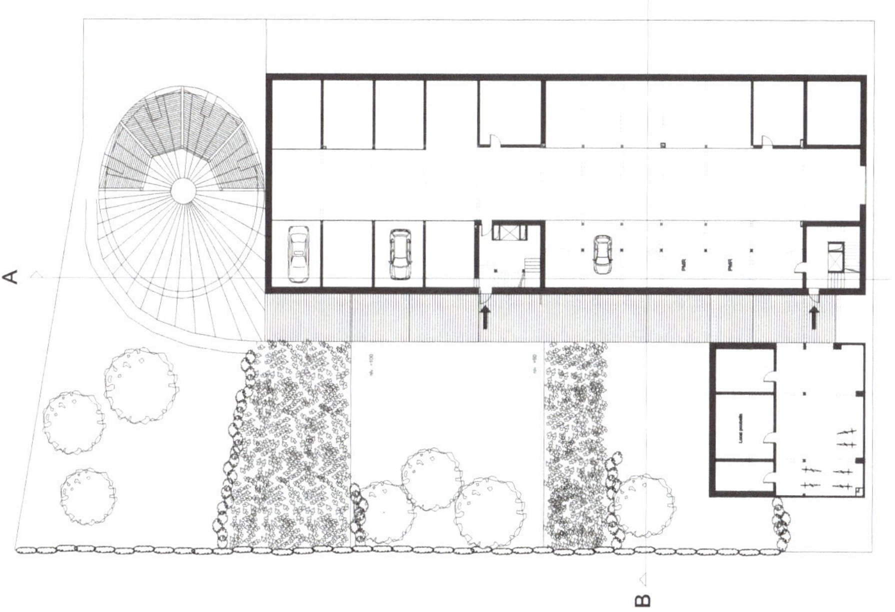
A
B

DESSART Marine | Nature en ville

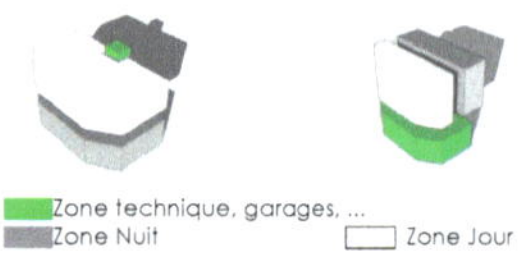

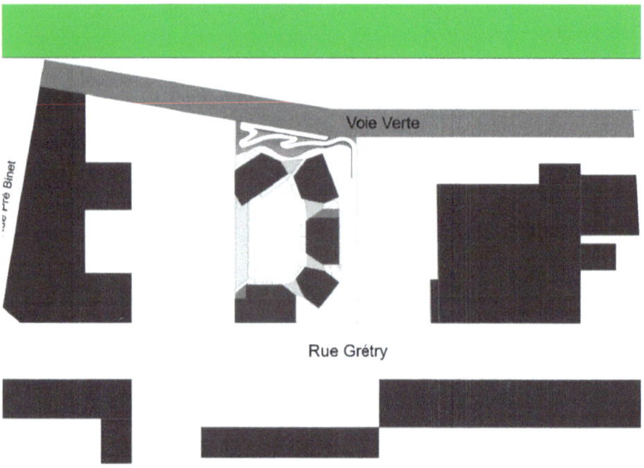

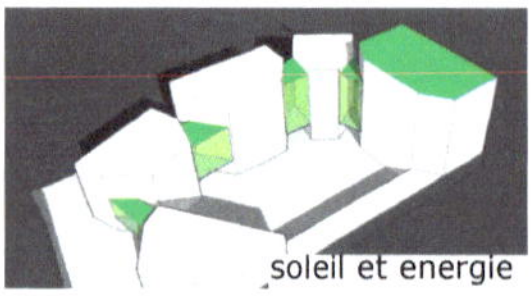

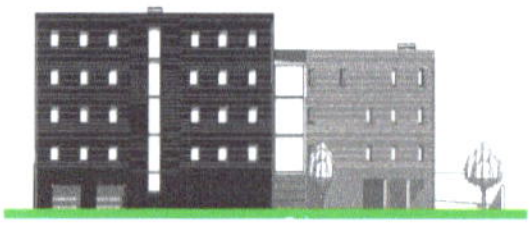

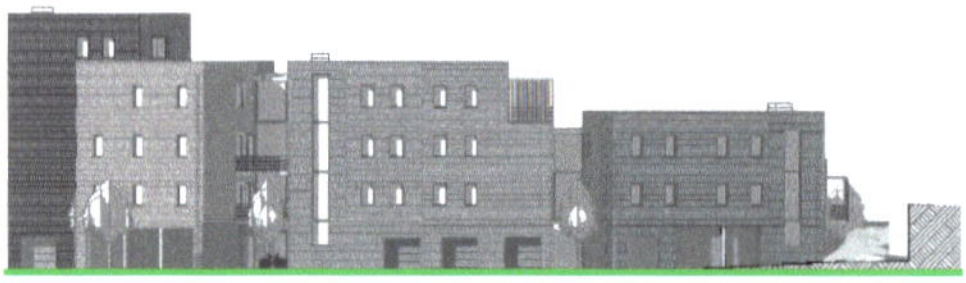

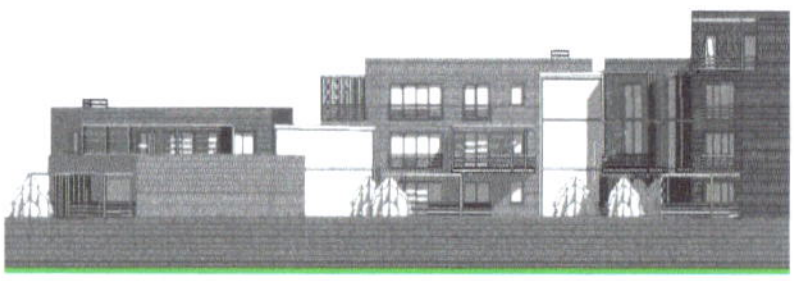

La nature comme point central du projet | Projet démontable et renouvelable | Limitation de l'imperméabilisation du sol | Toitures vertes | Pergolas végétales | Lagunage | Des serres comme éléments pivots du projet | Projet flexible dans le temps | Chaudière à pellets et panneaux photovoltaïques | Bois, argile, briques |

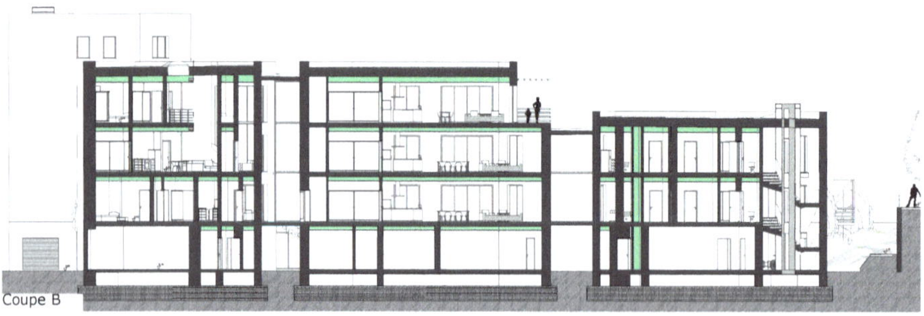

Coupe B

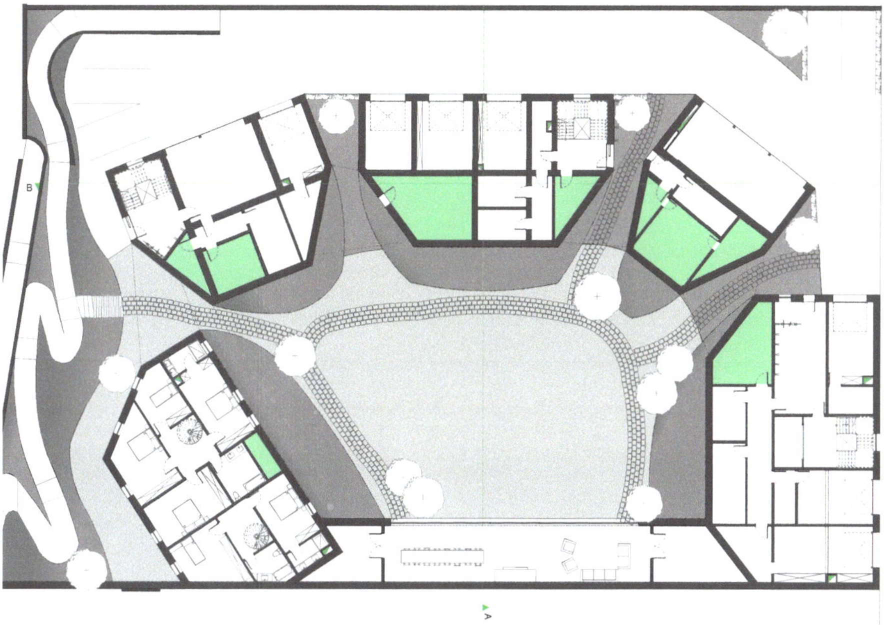
B
A

Gerard Emmanuelle | Poumon vert

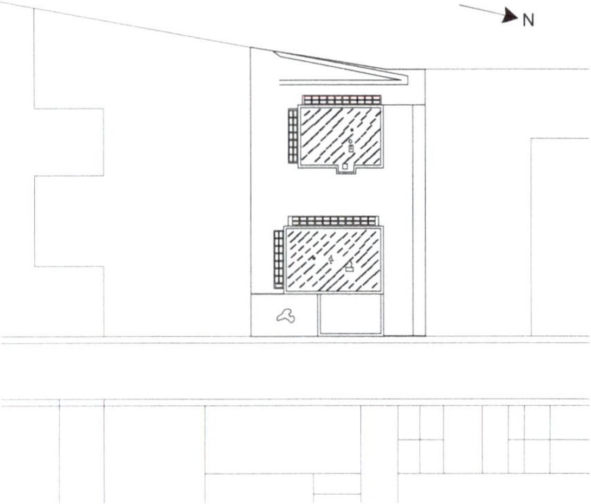

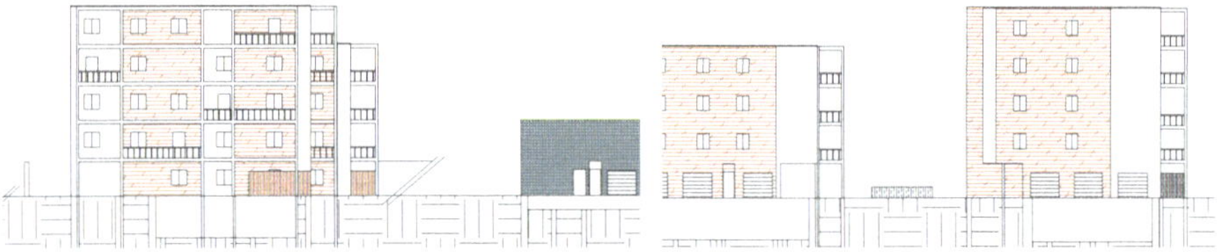

Projet en trois parties | Orientation Sud | Espaces partagés | Récupération des eaux pluviales | Panneaux photovoltaïques et thermiques | Toiture végétalisée | Ossature bois, isolation en paille | Reconversion possible du bâtiment | Contreventements en acier et en béton | Géothermie verticale avec une pompe à chaleur | Ventilation double flux | Balcons servant de protcetion solaire |

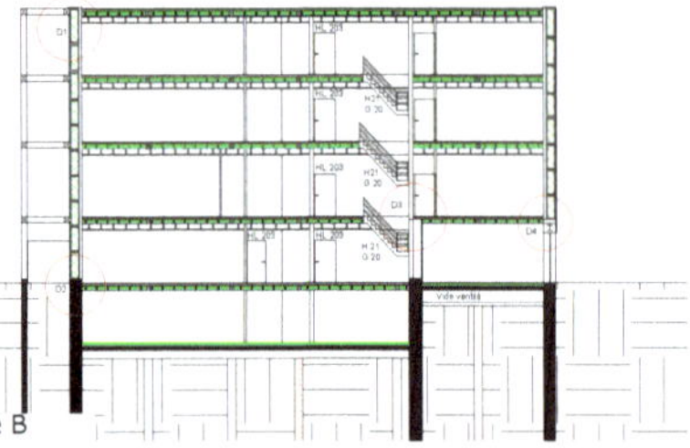

Coupe B

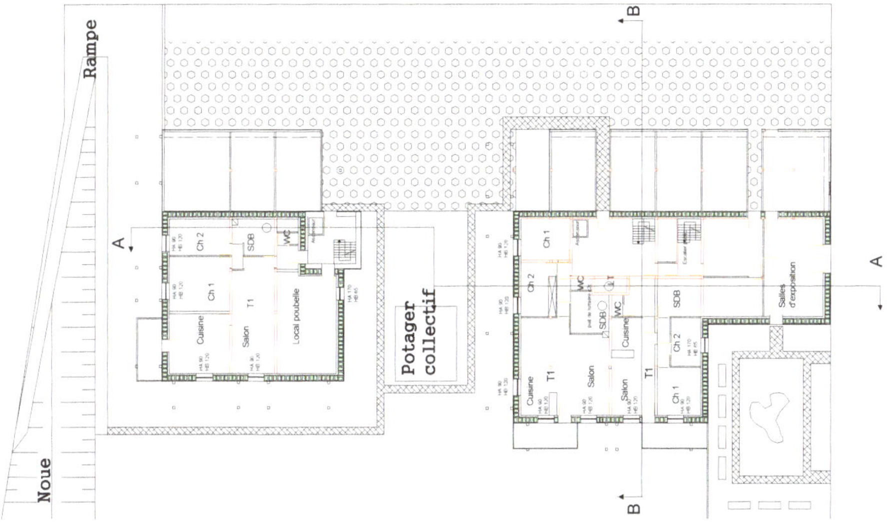
Rampe
Noue
Potager collectif
A
B

Giraudet Gilles | Compacité

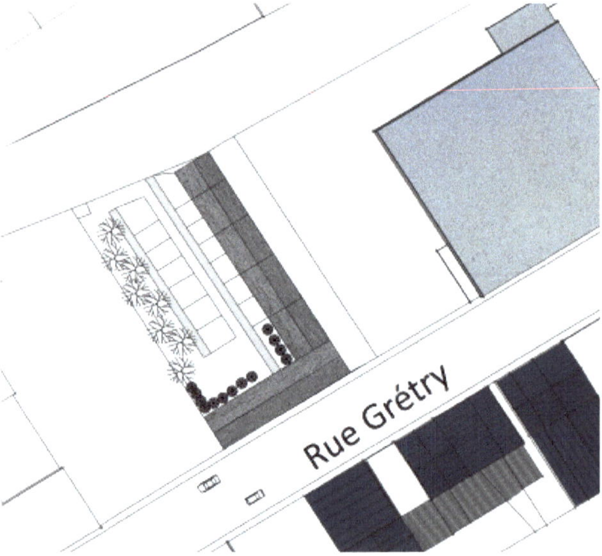

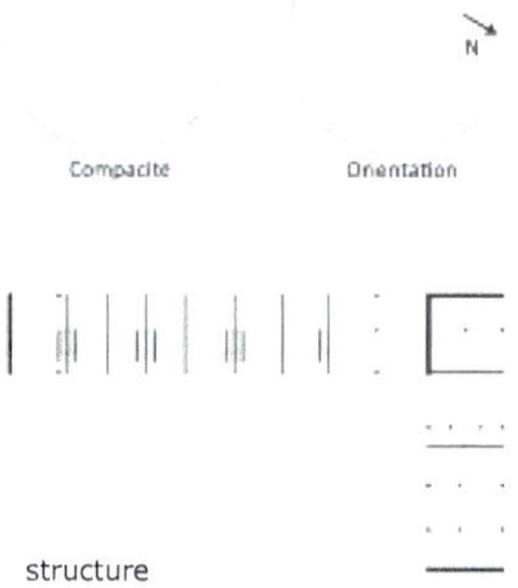

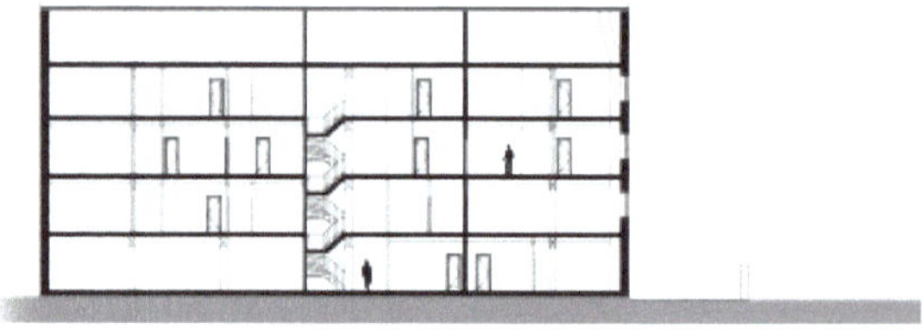

Bâtiment en L | Orientation Sud | Intimisation jardin collectif | Bâtiment compact | Murs porteurs + système poteaux-poutres | Toiture double pente | Panneaux photovoltaïques et thermiques | Briques de terre cuite, bois, ardoises naturelles, béton, isolant en chanvre | Aspect géométrique | Jardin écologique |

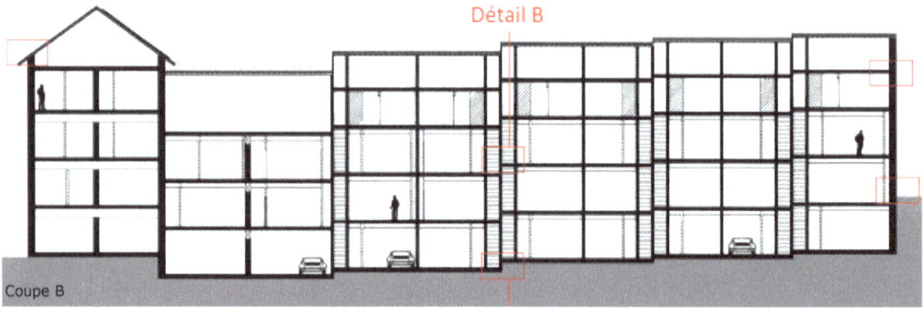

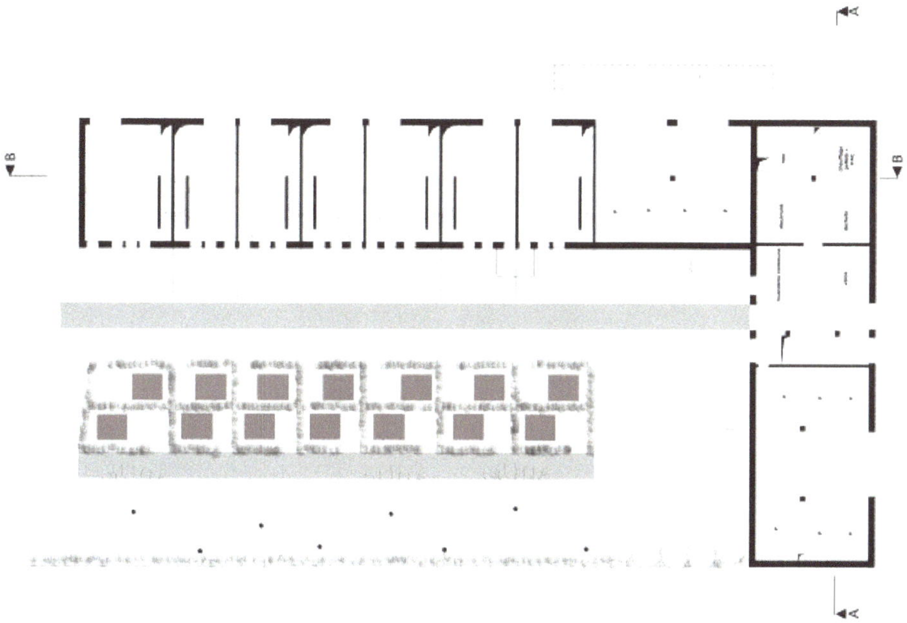
A
B
B
A

Goffard Camille | Transition

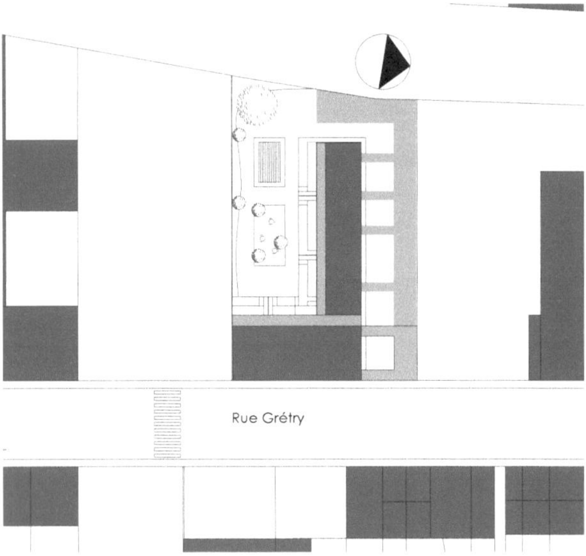

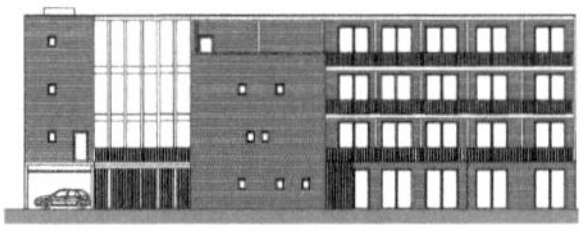

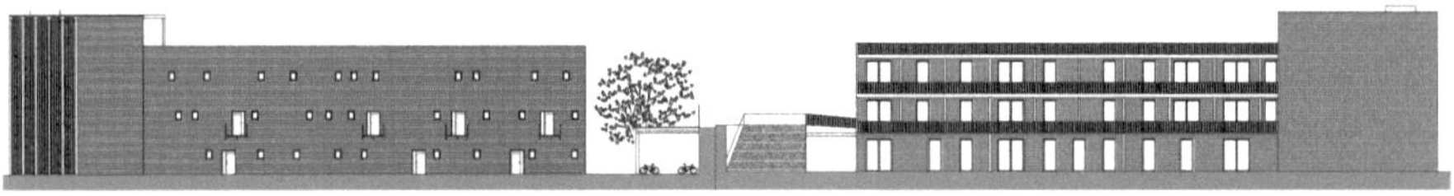

Ouverture, respiration pour la rue | Porosité au RDC | Transition de la rue publique au jardin privé | Habiter - circuler - accéder | Zonage clair | Insertion dans un contexte existant | Différenciation des accès | Ouverture des pièces de vie au Sud | Bâtiment en L | Répartition aléatoire des fenêtres et châssis sortants | Bois, briques de terre cuite et de terre crue, blocs isolants de chanvre |

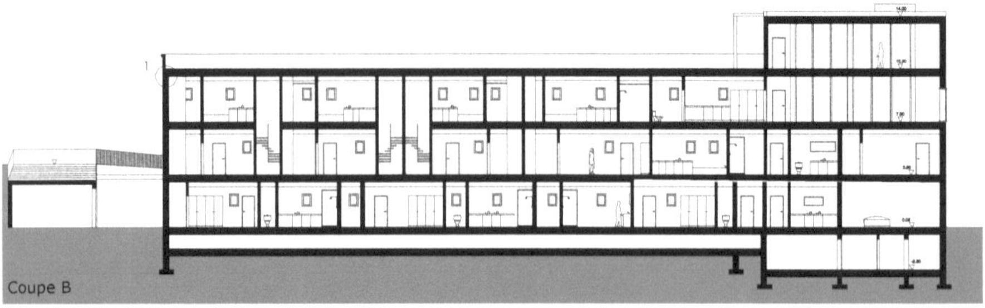

Coupe B

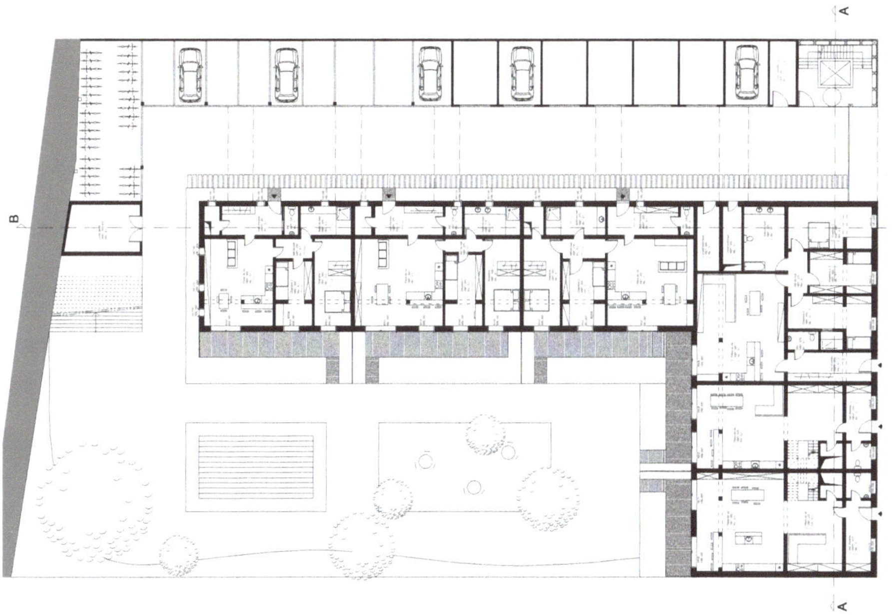
A
B
A

Voyage d'etude |Heerlen, NL| Novembre 2014

Larquetoux Matthieu | Ancrage visuel

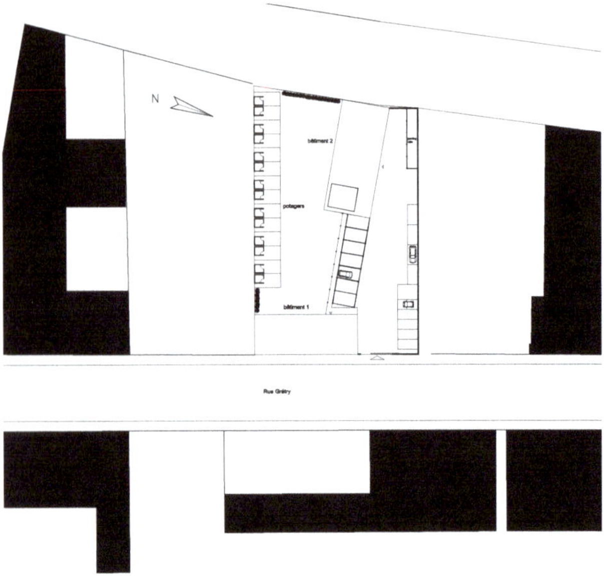

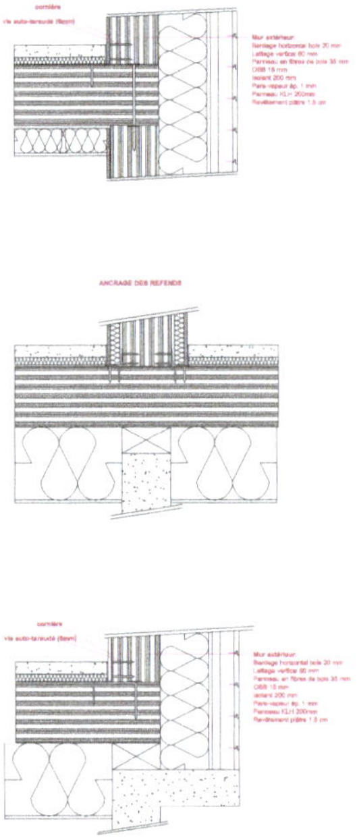

Point d'ancrage visuel | Deux bâtiments | Panneaux de bois massifs contrecollés, ossature bois | Panneaux photovoltaïques et thermiques | Chauffage géothermique et chauffage à pellets| Récupération des eaux pluviales | Bardage bois extérieur à trois coloris |

Coupe

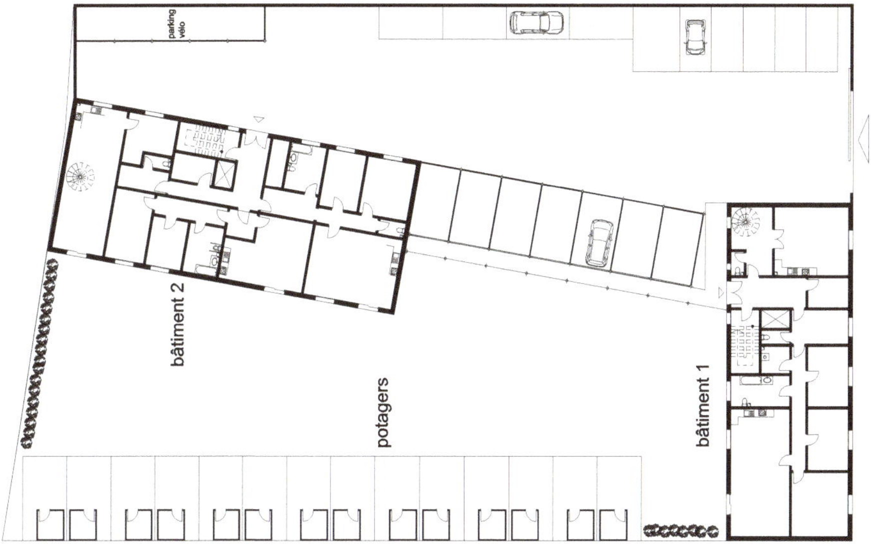
parking vélo
bâtiment 2
potagers
bâtiment 1

Larroque Hélène | Bâtiment en L

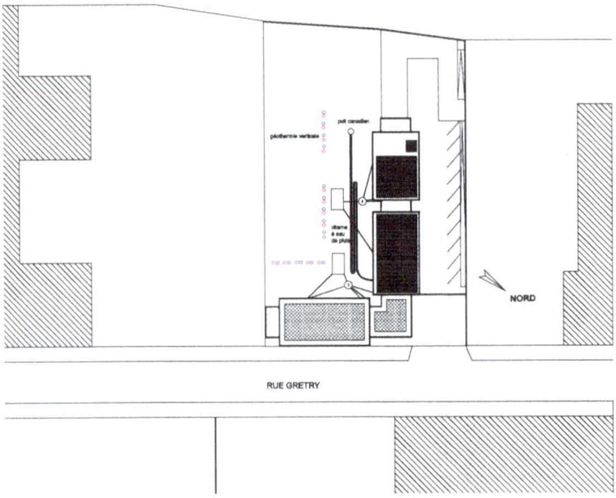

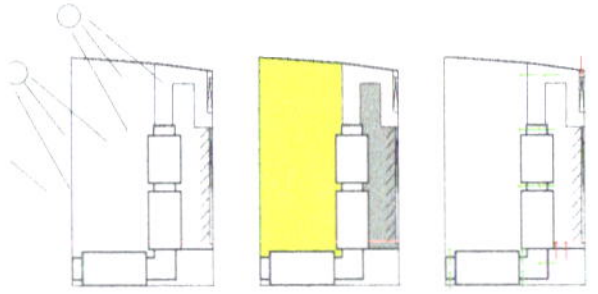

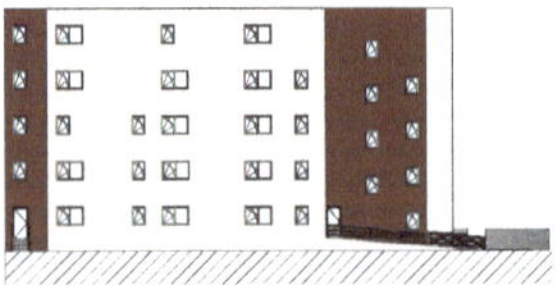

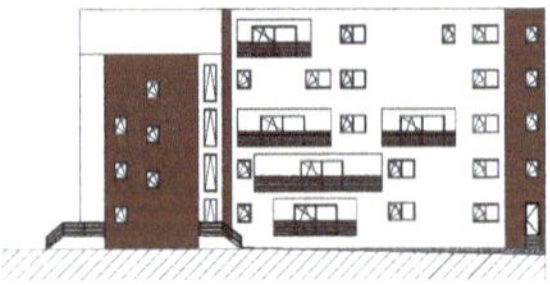

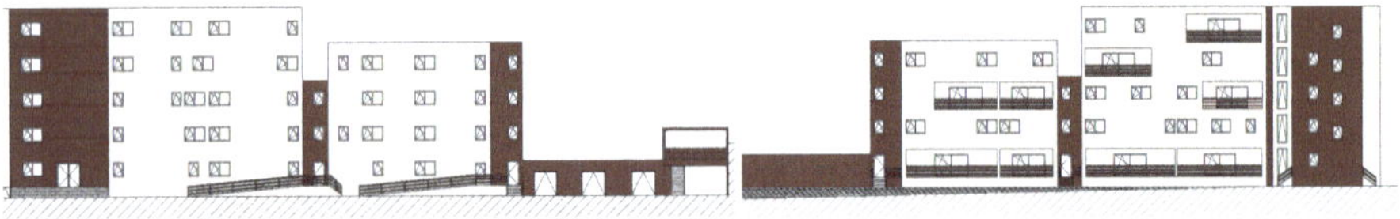

Bâtiment en L | Exposition Sud | Continuité du front bâti | Curculations simples et efficaces | Ossature bois | Coeur en béton | Isolation en fibres de bois | Surélévation du bâtiment pour intimisation des logements | Toitures végétalisées et en zinc | Panneaux photovoltaïques et thermiques | Puit canadien, ventilation double flux, géothermie verticale | Récupération de l'eau pluviale |

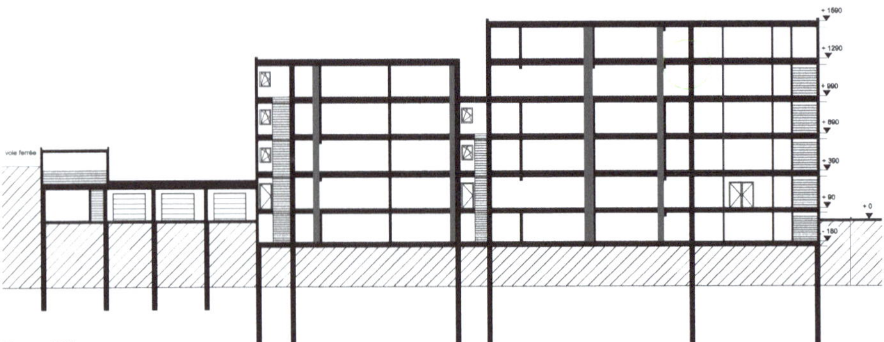

Coupe BB'

Box 4
Box 5
Box 6
Box 7
Box 3
Box 2
Box 1
COMPOST
POTAGER
sens
d'écoulement
des eaux
de pluie
JARDIN
PLUVIAL
AIRE
DE
JEUX
RDC
RUE GRETRY
CUISINE
COMMUNE
Séjour
Cuisine
Terrasse
WC
Buanderie
Chambre 1
Chambre 2
Salle de
bain

Makow Nathalie | Boîtes décalées

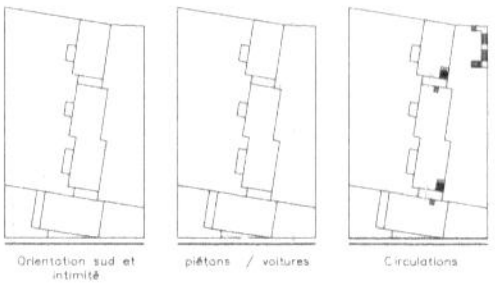

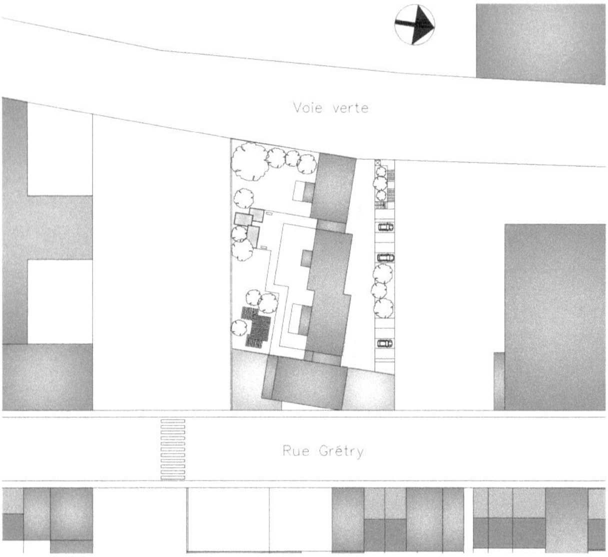

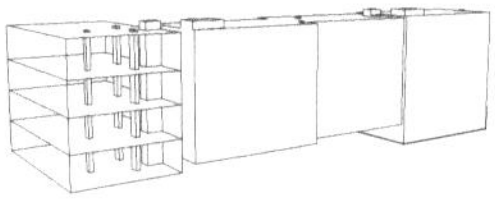

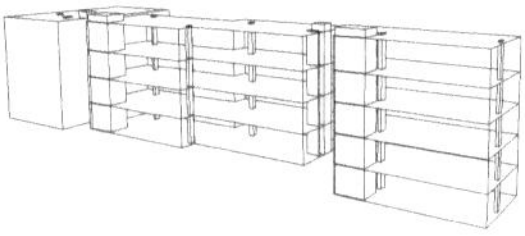

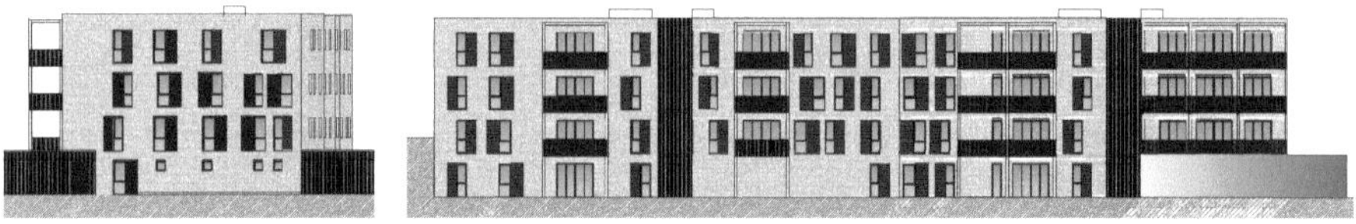

Forme en « boîtes décalées » | Continuité du front bâti par la présence d'un « socle » | Orientation Sud | Intimisation de chaque appartement | Dynamisme | Liaisons visuelles et accès à la voie verte | Bardage ajouré | Panneaux photovoltaïques et chauffes-eau solaires | Toitures végétalisées | Ossature bois, laine de chanvre, briques en céramique, béton | Terrasses servant de protection solaire |

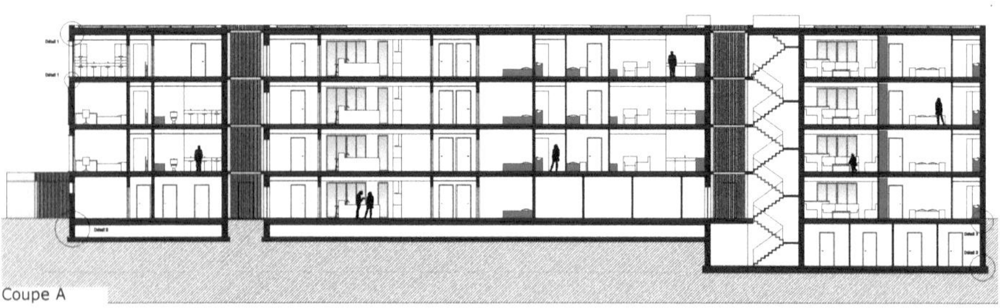

Coupe A

Miraucourt David | Circulation extérieure

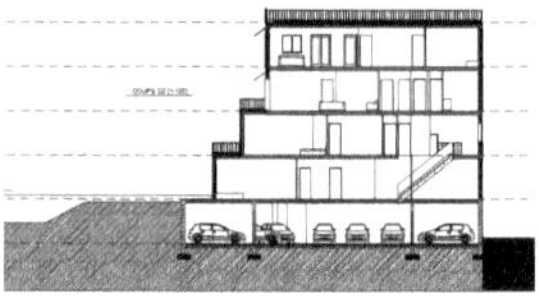

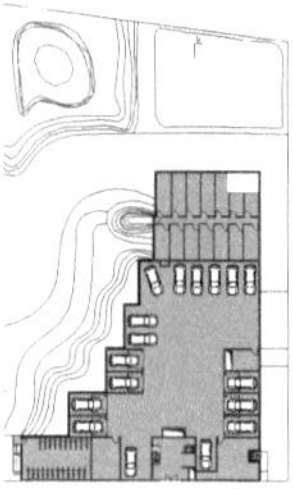

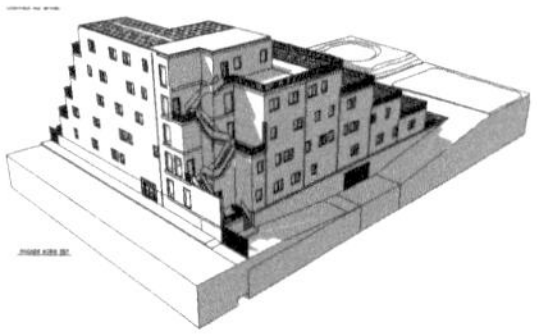

5 étages | Terrasses | Bâtiment compact | Alignement en front de parcelle | Escaliers extérieurs | Nivellement du terrain pour ccher le parking | Trame verte | Bassin d'eau | Couverture végétale pérenne | Blocs de pierre ponce, briques de récupération, blocs de bois massif | Modularité du bâtiment | Ventilation double flux | Géothermie horizontale | Maximisation des apports solaires | Panneaux photovoltaïques et thermiques |

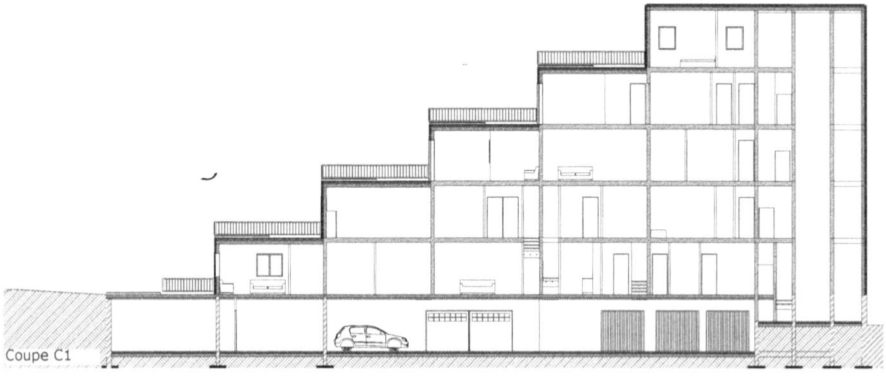

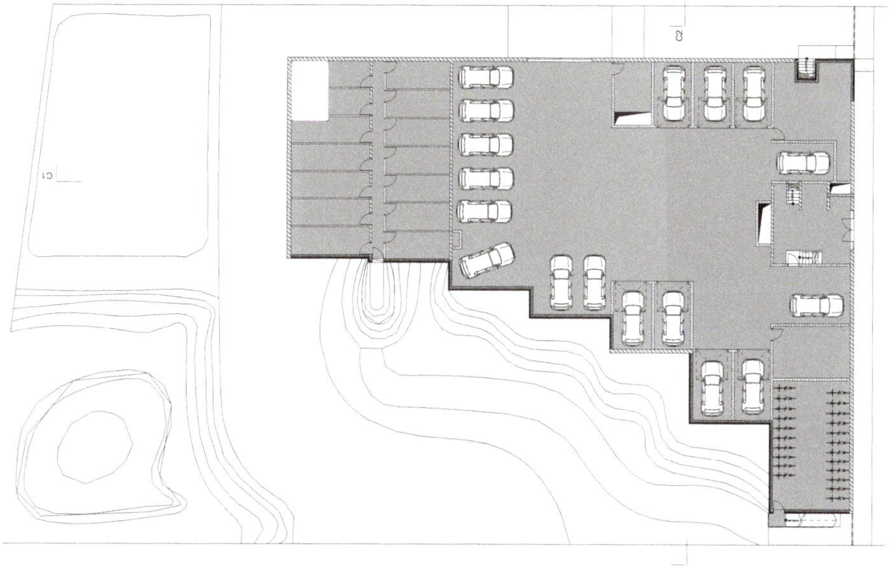

Débat | Novembre 2014

Robinet Eva | Diagonale

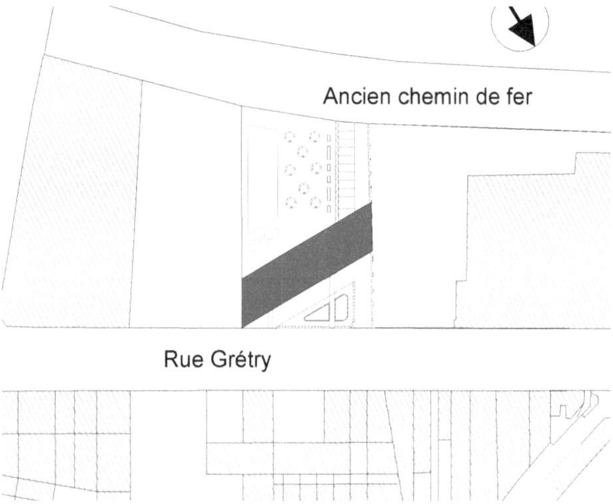

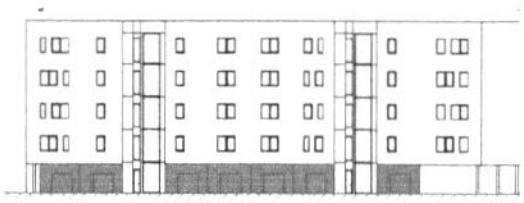

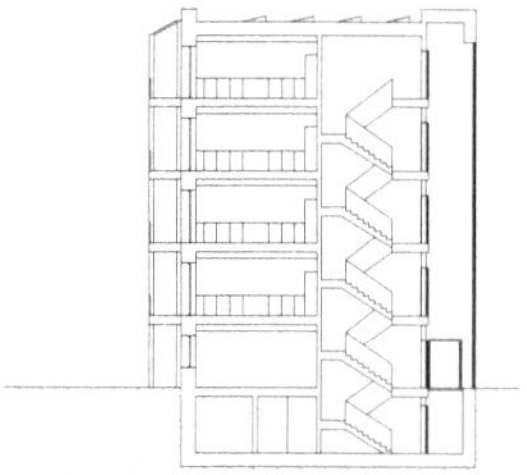

Volume compact | Minimisation des espaces de circulation | Implantation diagonale | Orientation Sud de la façade principale | Intimisation des logements | Béton de chanvre projeté, bois, argile, cellulose de papier | Structure façade Sud rappelant le côté naturel du projet et servant de protections solaires | Panneaux photovoltaïques, récupérateur calorifique | Filtre végétalisé pour le traitement de l'eau | Minimalisation de l'imperméabilisation des sols |

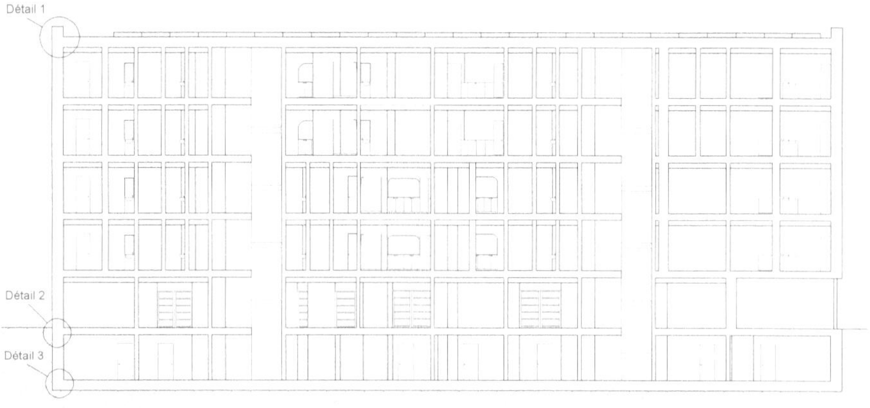

Coupe AA'

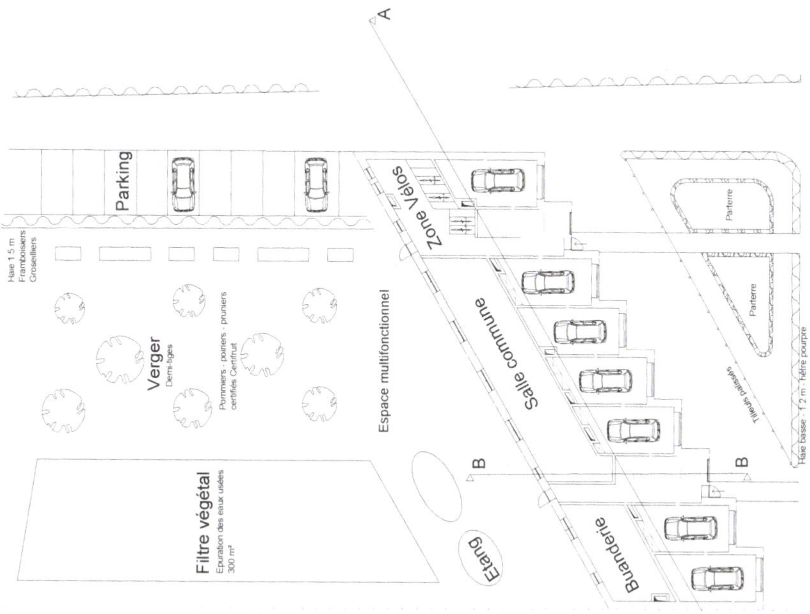
A
Parking
Zone Vélos
Haie 1.5 m
Framboisiers
Groseilliers
Verger
Demi-tiges
Pommiers - poiriers - pruniers
certifiés Certifruit
Espace multifonctionnel
Salle commune
Parterre
Parterre
Tilleuls palissés
Haie basse - 1.2 m - hêtre pourpre
B
B
Filtre végétal
Épuration des eaux usées
300 m²
Etang
Buanderie

Rohon Simon | Caméléon

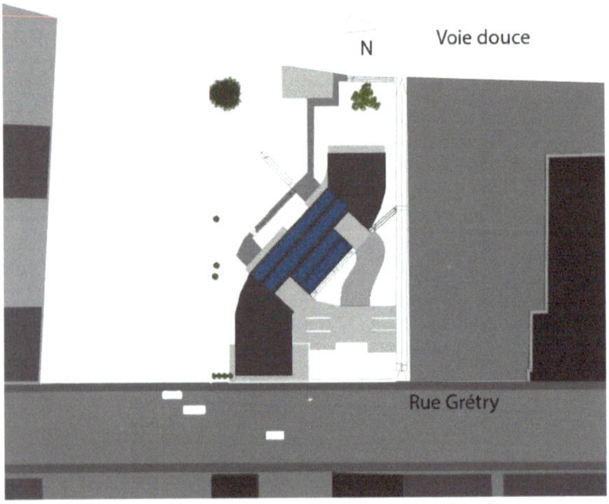

Orientation Sud | Implantation oblique + continuité du front bâti à rue | Reconversion aisée du bâtiment | Façade en modules préfabriqués | Structure poteaux-poutres régulière | Toiture végétalisée | Panneaux photovoltaïques, géothermie, ventilation double flux, puit canadien | Bassin sec pour la récupération des eaux pluviales |

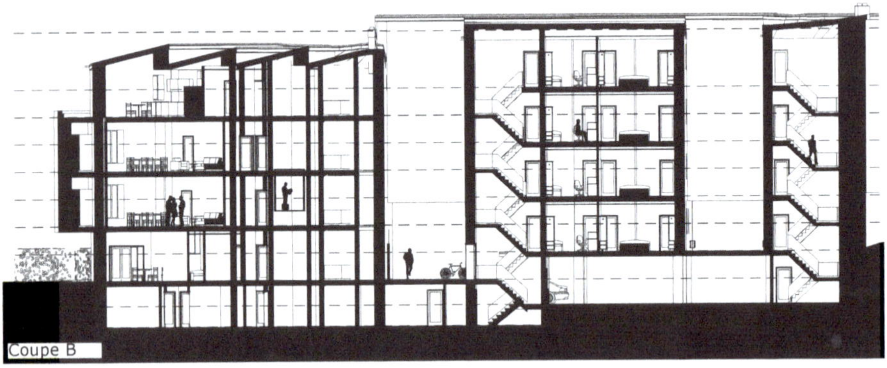

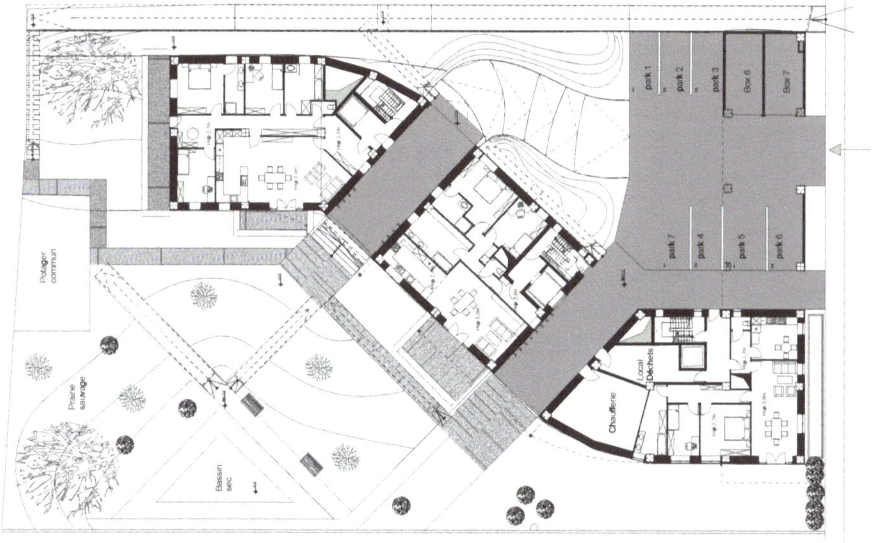
park 1
park 2
park 3
Box 6
Box 7
park 7
park 4
park 5
park 6
Potager commun
Prairie sauvage
Bassin sec
Local Déchets
Chaufferie

Vanoorbeek Raphael | Liaison

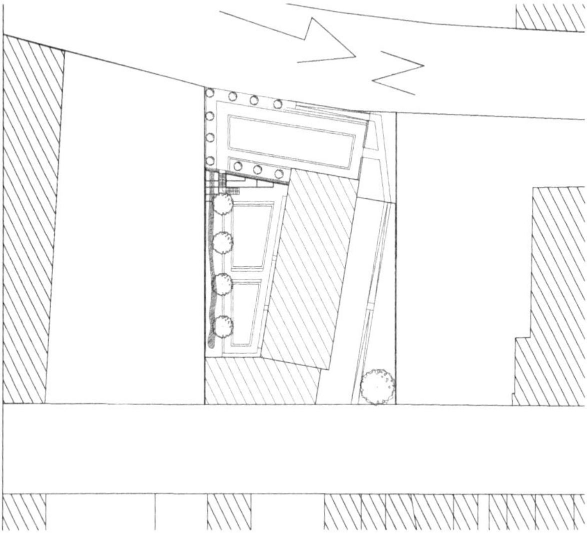

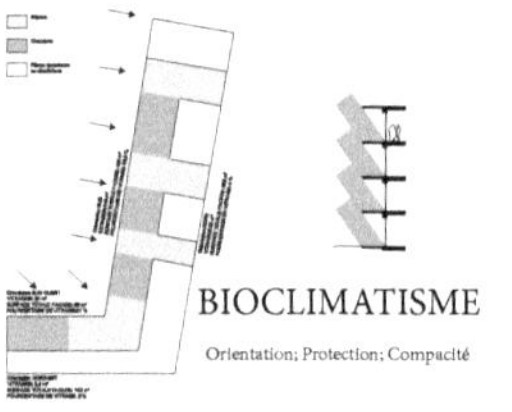

énergie et techniques

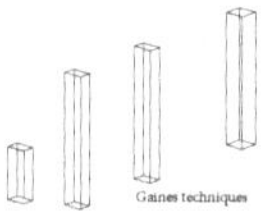

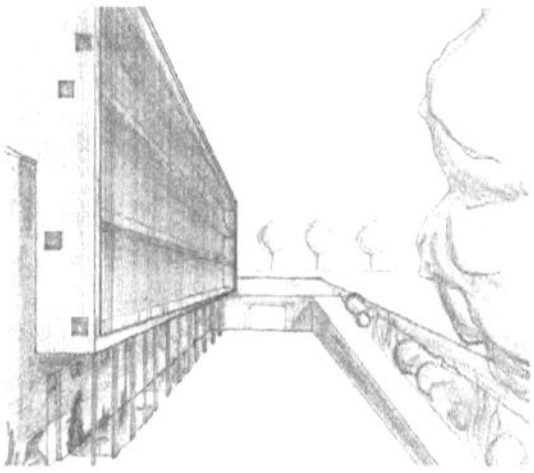

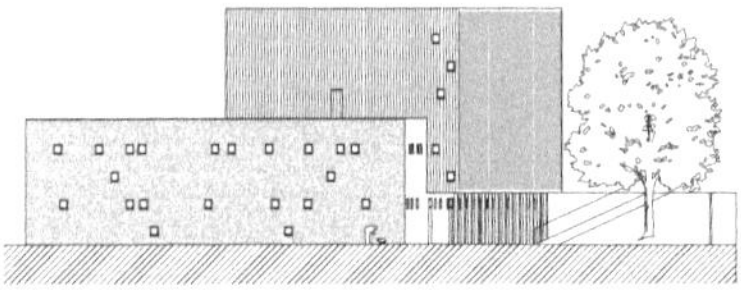

l'eau et biodiversité

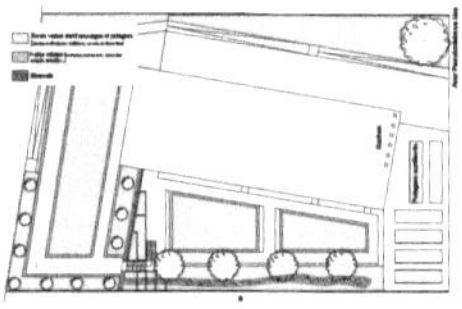

circulation

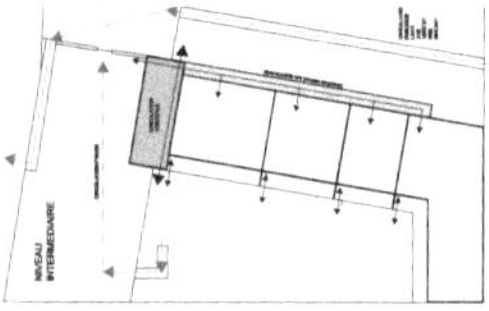

Liaison entre la voie verte et la rue | Espaces extérieurs publics et privés | Orientation Sud | Compacité optimale | Toiture verte intensive | Coursives extérieures | Structure poteaux-poutres | Rationalisation de l'aménagement intérieur | Réhabilitation envisageable du bâtiment | Bois, briques, chape d'argile, acier, isolation de chanvre | Panneaux photovoltaïques et thermiques, chaudière d'appoint à condensation, puit canadien, géothermie |

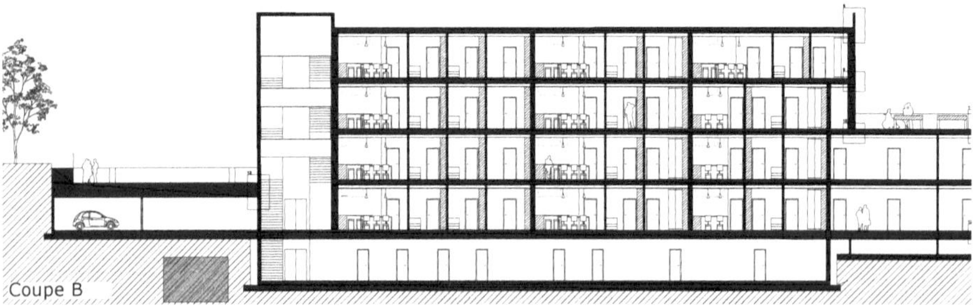

Coupe B

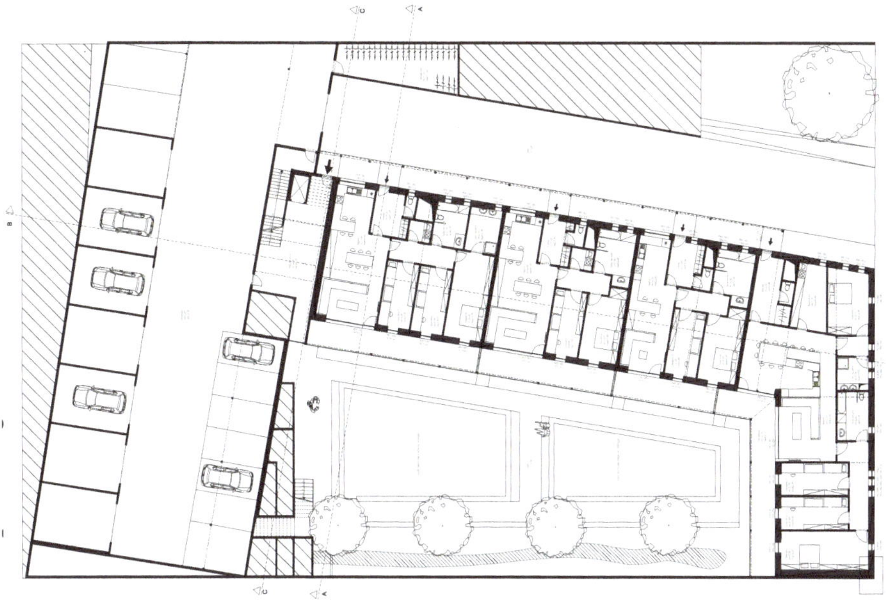

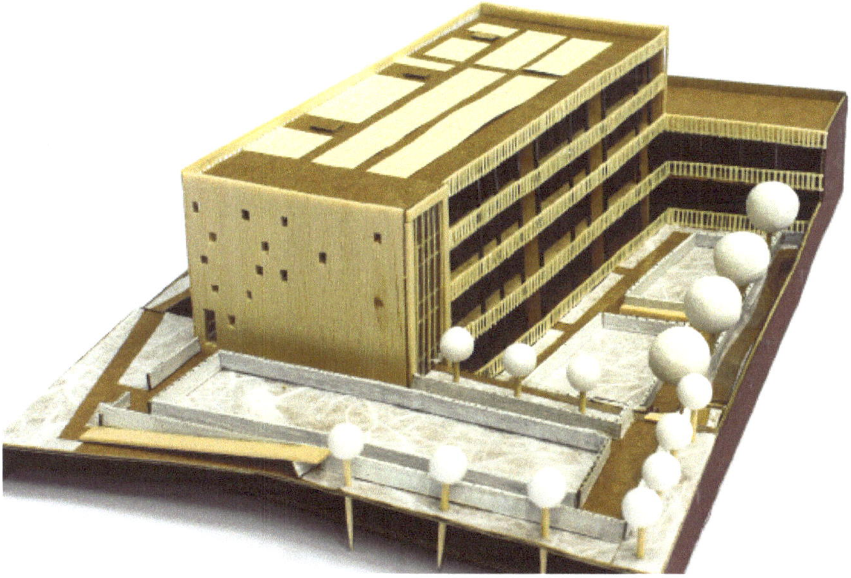

Vervier Charlotte | Demi-niveaux

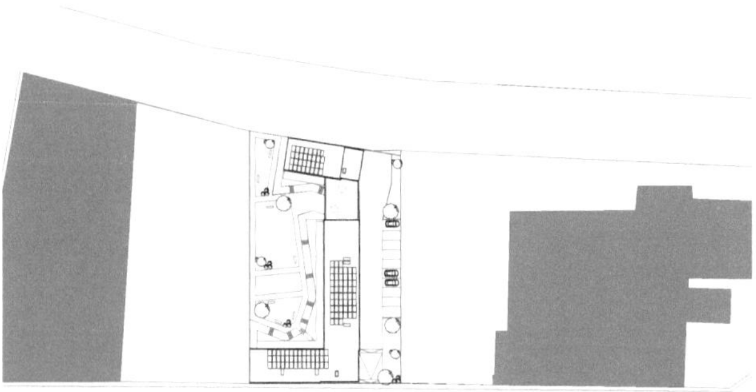

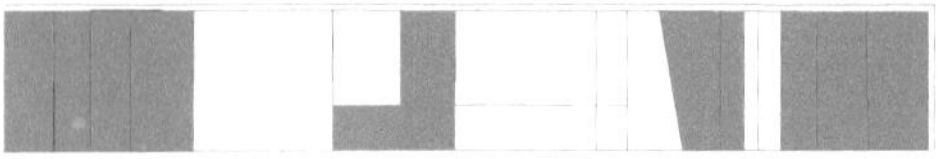

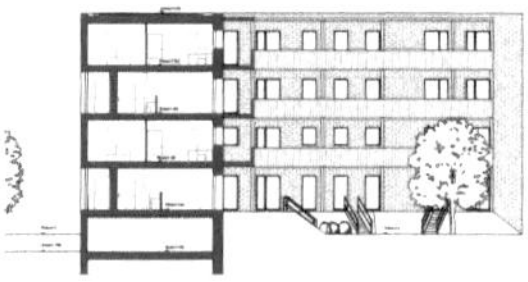

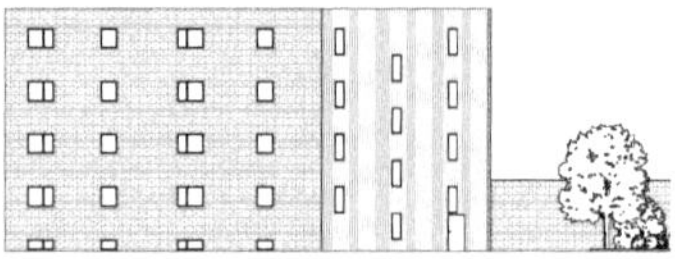

Intégration au quartier | Continuité du front bâti | Bois, brique, béton recyclé, argile, chanvre et lin | Bâtiment en C | Facilité d'accès | Apports de lumière et d'énergie maximisés | Orientation Sud-Est | Espaces extérieurs commun et privatifs| Structure poteaux-poutres | Demi-niveaux | Terrasses et coursives | Panneaux photovoltaïques | Récupération des eaux pluviales |

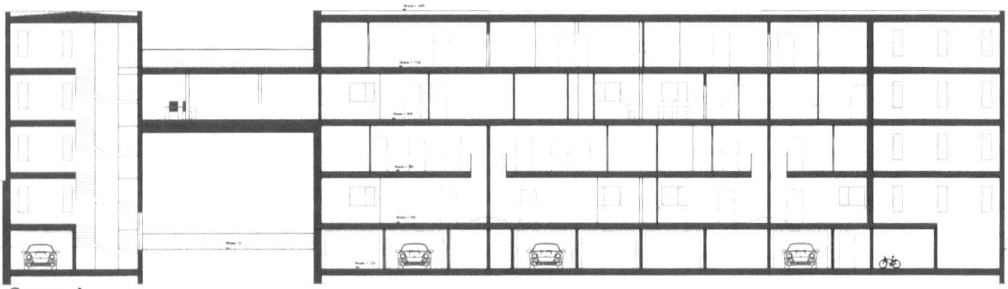

Coupe A

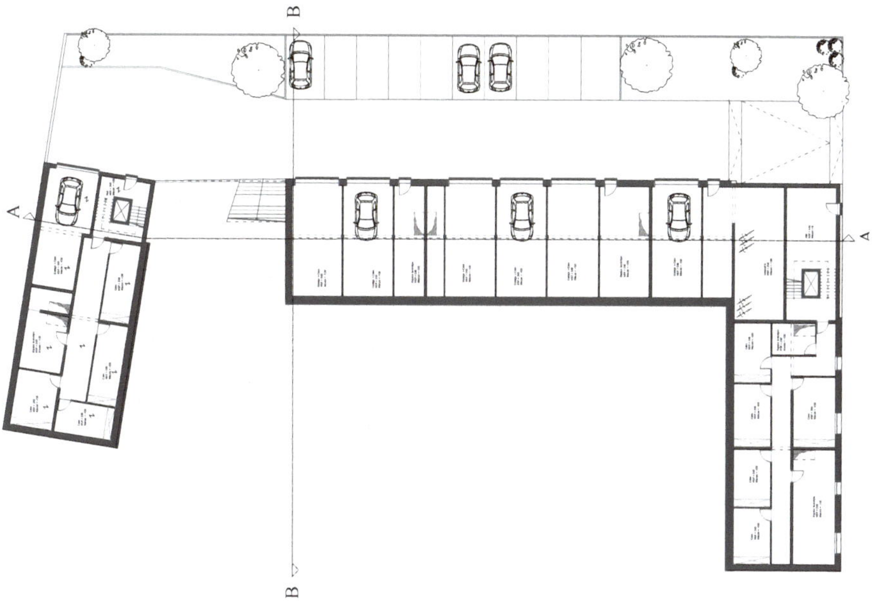
B
A
A
B

Jury final | Décembre 2014

JURY

EXPERTS EXTÉRIEURS

Steven Beckers, Architecte & Consultant
Steven Beckers est diplômé de l'Institut Supérieur d'Architecture Saint-Luc (1984). De 1999 à 2010 il est associé chez Art&Build, primé parmi pour de nombreux projet tels que l'Agora Building (Conseil de l'Europe) et du COE Pharmacopea (Strasbourg). En 2011, il crée *Lateral Thinking Factory*, où il fait prévaloir son statut d'architecte consultant Cradle to Cradle (C2C) - Steven est aujourd'hui l'un des six architectes au monde accrédité C2C - dans les domaines de l'urbanisme, l'architecture et la construction.

Marny Di Pietrantonio, Ingénieur Architecte
Expert énergétique CPE agréé dans la commune de Carnières et directrice du département technique de la Plateforme Maison Passive. Elle est la responsable de la certifcation et de la conception de bâtiments passifs. Avec l'outil d'aide à la conception (PHPP) elle garantit d'assurer que les critères du standard passif sont respectés. Après encodage des données et vérification de celles-ci, le certificat « Bâtiment passif » peut-être délivré.

Liesbeth de Jong, Paysagiste et urbaniste
Liesbeth de Jong est paysagiste et urbaniste. Elle a forgé son expérience dans les infrastructures, dans les parcs publiques et urbains. Elle réalise son travail avec une équipe d'architecte, urbaniste, écologistes, hydrologistes, et designer urbain. Son cas d'expertise particulier est l'étude des relations entre l'utilisateur et lieu publique où il se trouve, les liens avec la nature et l'eau qu'il peut avoir avec son milieu environnant. Elle prend une part active à la recherche et au développement de solutions intégrants ces sujets, tels que les dispositifs de récolte des eaux des pluies naturels ou encore d'écoduc. En tant qu'architecte paysagiste diplômée de l'université de Wageningen, les éléments que sont l'eau et la nature sont pour elle inséparables du design de paysage et ils forment, pour elle, le point de départ de toute réflexion sur un projet.

Université de Liège

SBD LAB
Sustainable Buildings Design Lab

ULg, FSA, Argenco, Jury d'ateliers d'architecture Bac 3: Logement collectif durable conception régénérative, 2014

Student Name : ______________________________ **TOTAL** **/100**

1. Architectural Intelligence Urban integration (surroundings, massing) Landscape an outdoor Design (solid and void) Concept Strength and Consistency (morphology and story) Respecting Program Requirements (14 apartments) Function and circulation (horizontal and vertical, disability access) Global Cohesion	/20
2. Coordination and Technical Quality Structure (integration in underground and typical floor, shear walls - *bracing*) Service Shafts (position and coordination eg. rain, ventilation, DHW) Service Battery (lifts and stairs) Parking Garage (ramps, position underground, sizing and circulation) Floor Height in section (mechanical ventilation and beam height) Fire Safety (ambulance access, staircase protection)	/15
3. Regenerative Use of Materials Universal Design and Flexibility (future spatial multifunctional use, spaces and partitions) Flexible Assembly and Disassembly (modular construction, ease of façade replacement) Regenerative material of structure Regenerative insulation material (biomass) Fire safety, hygro and acoustic properties of material	/15
4. Energy Facades (WWR 30% south, orientation, shading devices) Ventilation System (Double flow system) Thermal Mass in building Photovoltaics 200 squared meter (area, orientation, inclination) Solar Thermal Water 50 squared meter (area, orientation, inclination) + Shafts Exergy (energy source selection, energy balance)	/15
5. Sustainability, Water and Biodiversity Water collection (surface + Cistern 45 cubic meter: position, cistern tubes, irrigation) Rainwater management and Green roofs Vegetation (indigenous trees, shrubs and herbs) Providing Habitat for species Collective use of spaces (common kitchen, farming gardens, laundry)	/15
6. Form Completion of Drawings (Plans, Sections, Facades) Drawing Clarity (space labeling, furniture, slopes, heights, structure representation) Detail Quality Model (trees, base)	/10
7. Personal Skills Concept Development and Evolution Parallel thinking approach (not linear thinking approach) Responding to multidisciplinary and complexity Quality of presentation (Opening and closing of presentation, body language, eye contact) Ability to debate	/10

Comments/Sketch : **Bonus**

Initials : ______________________________

SBD Lab, +0/542, 1 Chemin des Chevreuils, Sart Tilman B52/3, 4000 Liège, Belgium, Tél: +32 43.66.91.55 - Fax: +32 43.66.29.09, http://www.sbd.ulg.ac.be

Jury final | Décembre 2014

CONCLUSION

L'atelier a duré 4 mois, pendant ce laps de temps, il était demandé aux étudiants de s'intéresser particulièrement à la construction et au design régénératif. Les élèves devaient créer 14 appartements en tenant compte de divers critères tels que l'énergie, l'eau, les matériaux ou encore la biodiversité. Dans ce contexte, les élèves se sont rendus compte que ce n'est pas suffisant d'atténuer les effets négatifs de l'activité humaine. Au contraire, il faut aujourd'hui générer un impact positif, comme à l'époque pré-industrialisation, afin de pouvoir vivre sur terre sans surexploiter celle-ci et mener à l'extinction de notre espèces. Cela se traduit par une empreinte écologique inférieur à aujourd'hui. Cette approche est réalisée à travers le paradigme régénératif qui encourage le développement de ressources réutilisables et le design de bâtiments à impacts positifs sur l'environnement.

La plus part des étudiants décrivent ce projet comme complexe, mais pas pour autant intéressant, et découvrent le concept de construction écologique/ régénératif. Suite à la lecture de différents rapports produits par les étudiants, je pense pouvoir dire les étudiants étaient globalement heureux et fière d'investir autant de temps dans cet atelier, qui les a mener à de nouveaux apprentissages. La raison de ce retour est principalement que le projet leur a permis d'exercer un nouveau type d'architecture. Le résultat final est influencé par les pensées écologiques et régénératives. Il est également nécessaire de préciser l'influence positive qu'a eu la visite de sites « Cradle to Cradle », un bâtiment de bureau à Heerlen au Pays-Bas et la première maison passive à Marcinelle. Cette expérience a profondément marqué les élèves dans leurs recherches. Lors du jury intermédiaire, la plus part des élèves avaient déjà intégré un système de construction durables et des solutions technologiques telles que l'isolation à l'aide de matériaux fibreux, des systèmes de productions d'électricité et de chaleur avec un rendement plus élevés et utilisant des calories gratuites (Panneaux photovoltaïques, PAC,...). Le concept de durabilité était présent dès la phase de conception du projet, ce qui leur a permis d'apporter des résultats de calculs pour supporter et valider leur discours. Au final, les résultats obtenus présentaient une importante qualité architecturale basée sur des bâtiments compacts anticipant l'évolution climatique et respectant les principes bioclimatiques, tout en prenant en compte les considérations écologiques, biologiques et techniques. L'utilisation des ressources naturelles présentes sur le site (Eau, air, électricité & sol) était optimisée, tout en privilégiant le côté écologique et social.

Durant le processus de conception, les étudiants ont été invités à débattre entre eux et avec les professeurs ou professionnels. A côté des visites et des séances hebdomadaires de revues de leur projet, le débat a été utilisé comme un outil pédagogique permettant d'enseigner les conséquences sur l'environnement des bâtiments. Celui-ci avait également comme objectif de casser l'aspect de compétition entre les élèves, et donc de promouvoir les échanges, les collaborations entre les élèves afin de comprendre la complexité du design régénératif et de répondre à la question principale suivante : Comment créer un bâtiment à impact positif sur l'environnement ? Plusieurs étudiants ont ainsi consulté leurs parents ou des professionnels du métier pour discuter de leurs projets. D'autres ont même été plus loin et on prit en compte le contexte socio-économique Wallon, en allant plus loin que ce que demandait le projet, et en se demandant si leur projet serait réalisable dans un cadre réel. Deux problèmes principaux sont apparus lors des débats : 1) Le couts de bâtiments régénérative et la certification des bâtiments durables ou soutenables (eg. Cradle to Cradle, BREEAM, Valideo etc.). Inspirer par l'approche régénérative de conception les étudiants on confirmer qu'il faut repenser la conception de nos bâtiments pour tendre vers l'économie circulaire. Ils se sont rendu compte qu'il y a un problème inhérent avec ces labels, car ceux-ci ne sont pas contextualisés à une région en particulier. Enfin, Les discussions intensives et les recherches collectives ont permis de renforcer les connaissances des étudiants et ont démontré la difficulté et la complexité à évaluer l'architecture durable.

Finalement, je souhaiterais remercier tous les étudiants pour l'engagement dont ils ont fait preuve. Je souhaiterais également étendre ces remerciements au jury. L'évaluation de l'atelier était basée sur une étude précise de chaque projet, et la confrontation à des professionnels de la problématique en Belgique. Malgré la complexité du projet, le jury a recherché les solutions innovantes qui engendraient une haute qualité architecturale, tout en intégrant des systèmes durables. J'espère que recueil permettra, pour l'atelier de l'année 2014, d'en révéler les buts, processus et la signification de l'atelier d'architecture III – Logement Collectif durable et Conception régénérative.

PARTICIPANTS

Etudiants

Baron	JULIE
Chbaly	HAFSA
Collin	JACQUES
Cornet	SOLEDAD
Cung	JOHNNY
Denayer	PHILIPPE
Dessart	MARINE
Gerard	EMMANUELLE
Giraudet	GILLES
Goffard	CAMILLE
Larquetoux	MATTHIEU
Larroque	HÉLÈNE
Makow	NATHALIE
Miraucourt	DAVID
Robinet	EVA
Rohon	SIMON
Vanoorbeek	RAPHAEL
Vervier	CHARLOTTE

Professeur

Attia	SHADY

Assistant

De Wispelaere	OLIVIER

Jury final | Décembre 2014

REPERES BIBLIOGRAPHIQUES

ATTIA S., DE HERDE, A. (2011) Defining Zero Energy Buildings from a Cradle to Cradle Approach, Passive and Low Energy Architecture, Louvain La Neuve, Belgium.

ATTIA S., BENEY, JF., ANDERSEN, M. (2013) Application of the Cradle to Cradle paradigm to a housing unit in Switzerland: Findings from a prototype design, PLEA, Munich, Germany.

ATTIA S. (2015) Overview and recommendation on urban densification potential in Liège, Belgium. In International conference on high-quality retrofit and redensification with timber construction systems. Graz.

CHARMES E. (2010) «La densification en débat» Etudes Foncières n°145, p. 20-23.

FERNANDEZ PER A. & ARPA J. (2010) «Density Projects», Madrid : a+t edicones,.

FRANK F. (2012) «Des théories urbaines au logement collectif contemporain », Lausanne: Presses Polytechniques Romandes.

MCDONOUGH W., and Braungart M. (1992) «Hannover Principles: Design for Sustainability». Hannover, Germany.

MCDONOUGH W., and BRAUNGART M. (2002) "Beyond the Triple Bottom Line: Designing for the Triple Top Line", Corporate Environmental Strategy, Volume 9, Number 3.

MCDONOUGH W., and Braungart M. (2001) "The Extravagant Gesture: Nature, Design and the Renewal of Human Industry." Sustainable Planet: Solutions for the Twenty-first Century, edited by Juliet Schor and Betsy Taylor.

MCDONOUGH W., Braungart M., Anastas P., and Zimmerman J. (2003) "Applying the Principles of Green Engineering to Cradle-to-Cradle Design." Environmental Science & Technology December 1, 434A-441A.

QUINCEROT R. & WEIL M. (2008) «Revue Habitation n°3» p.4-7, Genève : www.cgionline.ch.

STAMM W., FISCHER K., HAAG T. (2010) « Raumpilot Wohnen», Stuttgart: Krämer Verlag, Wüstenrot Stiftung.

WILLIAMS K. & al. (2000) «Achieving sustainable form», Londres: Spon.

CONFERENCES RECENTES

ATTIA, S., (2015) Cradle to Cradle Studio, Circularity in the Built Environment, TU-Delft, Delft , 01.07.2015.

ATTIA, S., (2015) Regenrative Design of Residential building in Belgium, Commune de March en Famenne, 24.06.2015.

ATTIA, S. (2015, June). Overview and recommendation on urban densification potential in Liège, Belgium. In International conference on high-quality retrofit and redensification with timber construction systems. Graz, 18.06.2015.

ATTIA, S., (2015) Designing Zero Energy Buildings frmo Passive to Active Buildings, Building, Architecture & Town Planning Department, Brussels School of Engineering, Université Libre de Bruxelles - ULB, Brussels, 28.04.2015.

ATTIA, S., Application of the Cradle to Cradle paradigm to a housing unit in Switzerland: Findings from a prototype design, Munich, 22 October 2013.

WEBSITE D'ATELIER

www.sbd.ulg.ac.be/academic/StudioRegen/index.html

REMERCIEMENTS

La réalisation de cet atelier de projets 2014 n'aurait pas été possible sans la contribution de plusieurs personnes et entités que le SBD Lab souhaite remercier ici :

• Les étudiants de l'atelier qui sont engagés avec détermination, créativité et assiduité dans le développement de leurs projets, en répondant à des exigences didactiques élevées.

• L'assistant Olivier De Wispelaere qui a su transmettre sa passion de l'architecture avec patience et pédagogie qui a contribué au suivi des projets et aux critiques de l'atelier.

• Les conférenciers Herwin Sap, professeur et ingenieur architect Wendy Broers de Zuyd University of Applied Sciences, Faculty Bèta Sciences and Technology Group Sustainable Built Environment, architecte Marie-Hélène Gilson, dont la venue au SBD Lab a permis d'ouvrir le champs des connaissances de d'alimenter les processus conceptuels.

• Les expert extérieurs, Steven Beckers, architecte et consultant et fondateur de Lateral Thinking Factory, Marny Di Pietrantonio ingénieure architecte responsable du département technique de la plateforme maison passive, Liesbeth de Jong paysagiste et expert d'aménagement de territoire dont les apports aux critiques finales ont été particulièrement apprécies.

Julie-Marie Duro, photographe à Liège, qui a réalisé l'ensemble des photos de maquette illustrant la présente publication.

Enfin notre gratitude s'adresse à l'Université de Liège (ULg), à la Faculté des Science appliquées (FSA), Institut de Formation et de Recherche en Enseignement Supérieur (IFRES) et au département Argenco qui, grâce a la qualité de leurs membres et leurs infrastructures, constituent un cadre particulièrement adapte pour le développement d'un tel enseignement.

www.ingramcontent.com/pod-product-compliance
Lightning Source LLC
Chambersburg PA
CBHW040035110426
42741CB00031B/106
* 9 7 8 2 9 3 0 9 0 9 0 0 4 *